Workbook / Laborato
MÁS

Workbook / Laboratory Manual for
MÁS
third edition

Ana María Pérez-Gironés
Wesleyan University

Virginia Adán-Lifante
University of California, Merced

contributing writer

Margaryta Bondarenko
University of Wisconsin-Madison

Mc Graw Hill Education

WORKBOOK/LABORATORY MANUAL FOR MÁS

Published by McGraw-Hill Education, 2 Penn Plaza, New York, NY 10121. Copyright © 2019 by McGraw-Hill Education. All rights reserved. Printed in the United States of America. No part of this publication may be reproduced or distributed in any form or by any means, or stored in a database or retrieval system, without the prior written consent of McGraw-Hill Education, including, but not limited to, in any network or other electronic storage or transmission, or broadcast for distance learning.

Some ancillaries, including electronic and print components, may not be available to customers outside the United States.

This book is printed on acid-free paper.
1 2 3 4 5 6 7 8 9 BRP 21 20 19 18

ISBN   978-1-260-28150-7
MHID   1-260-28150-7

Cover Image: ©Jean-Pierre Lescourret/Getty Images

All credits appearing on page or at the end of the book are considered to be an extension of the copyright page.

The Internet addresses listed in the text were accurate at the time of publication. The inclusion of a website does not indicate an endorsement by the authors or McGraw-Hill Education, and McGraw-Hill Education does not guarantee the accuracy of the information presented at these sites.

mheducation.com/highered

Contenido

Unidad 3 Nuestra sociedad

Unidad 4 Un poco de historia

Preface

Cuaderno de práctica

The *Cuaderno de práctica* is designed to accompany *MÁS: español intermedio.* It offers additional practice with vocabulary, grammar, listening comprehension, writing, pronunciation, and spelling to be done by students outside of class. The *Cuaderno* contains twelve chapters, corresponding to the textbook chapters, and each chapter is divided into writing- and listening-based parts, entitled **Práctica escrita** and **Práctica auditiva,** respectively. Answers to most sections are available for student self-correction in the back of the book, and are indicated with a ⌞*⌟. The more open-ended activities require instructor assessment. Additional information on assigning and evaluating the *Cuaderno* sections is available in the Instructor's Manual on the Online Learning Center.

Práctica escrita

The first two sections of the **Práctica escrita** offer focused practice on the **Palabras** and **Estructuras** sections of the textbook. The **Estructuras** section culminates with an **Autoprueba,** which resembles the **Gramática en acción** activity found online in Connect Spanish. The third section is **¿Cuándo se dice?** which corresponds with its equivalent in the **Redacción** section in the textbook, and deals with groups of words that usually present difficulty for students at this level, e.g., **por** versus **para, saber** versus **conocer, preguntar** versus **pedir,** etc. The next section is called *MÁS* **personal.** As its title suggests, it deals exclusively with personal, open-ended activities.

Práctica auditiva

This portion of the *Cuaderno* is to be accompanied by the Audio Program, which is available free of charge on the Online Learning Center: **www.mhhe.com/mas3.**

The **Práctica auditiva** does not correspond exactly to any particular section of the chapter. It has three main sections, each of which tries to meet a specific area in need of attention at the second-year level.

- **Ortografía y pronunciación** opens the **Práctica auditiva,** and each chapter focuses on a particular set of sounds in Spanish, both regarding pronunciation and spelling, such as the vowels, stress marks, /d/ versus /t/ and /r/, etc. Each section starts with a pronunciation presentation, including a description of how to physically produce a sound when needed, followed by a repetition exercise (**Actividad práctica**) and an activity in which students record themselves (**¡A grabar!**).

- **Cultura** is a listening comprehension activity. This section offers students the possibility of extra listening practice at their individual pace. The **Cultura** section in the *Cuaderno* is similar to the **Cultura** section in the textbook in that it deals with cultural information related to the chapter theme. The text, which is available to students only as an audio track, is accompanied by an on-page visual, a **Vocabulario útil** list, and a comprehension activity.

- The last section of **Práctica auditiva** is **Circunlocución: Cuando no conocemos la palabra exacta.** As its title indicates, it focuses on understanding and providing explanations for words students will most likely not know in the target language. This is an important comprehension strategy for language students and is one of the defining skills for the intermediate level in the Oral Proficiency Guidelines.

Acknowledgments

The authors would like to thank Shaun Bauer, Margaryta Bondarenko, Verónica Estéban, Misha MacLaird, Erin Melloy DeHeck, Kim Sallee, and the entire production team at McGraw-Hill for their useful and creative contributions to this *Cuaderno de práctica.*

Cuestión de imagen

Práctica escrita

Palabras

[*] ACTIVIDAD 1 **¿Qué es?** Completa las siguientes oraciones con la palabra correcta del vocabulario.

1. El pelo de color blanco que tienen normalmente las personas adultas se llama _____.

2. Si una persona no ve bien y no quiere llevar anteojos, puede usar _____.

3. El pelo que les sale a los hombres en la cara se llama _____.

4. Las partes del cuerpo que usamos para ver son _____.

5. Si vemos una _____ en alguna parte del cuerpo de una persona, sabemos que tuvo una herida (*wound*) en ese lugar de su cuerpo.

6. Sabemos que una persona está contenta cuando tiene una _____ en su boca.

7. Las personas pelirrojas suelen tener muchas _____ en el rostro.

8. Cuando una persona no tiene pelo en la cabeza decimos que está _____.

★ ACTIVIDAD 2   **Estereotipos**   Marca la palabra que <u>no</u> asociamos normalmente con las siguientes personas o animales.

1. un pirata

    a. cicatriz   b. barba   c. belleza

2. un niño de tres años

    a. bigote   b. sonrisa   c. pecas

3. un gato

    a. ojos   b. pelo   c. lunar

4. un/una adolescente (*teenager*)

    a. apariencia   b. canas   c. imagen

5. Harry Potter

    a. brackets   b. anteojos   c. personaje

★ ACTIVIDAD 3   **Definiciones**   Completa las siguientes oraciones con el adjetivo o la expresión de la sección **Palabras** que mejor defina a estas personas.

1. Carmen siempre dice cosas que no son verdad. Ella es _____.

2. A Alejandro y a Miguel les da vergüenza (*are embarrassed*) hablar con sus profesores. Ellos son _____.

3. Ernesto nunca da las gracias ni pide las cosas por favor. Él es _____.

4. Lydia e Isabel tienen unas ideas muy liberales. Ellas no son _____.

5. Patricia nunca se ríe. Ella es _____.

6. Fernando y Antonio nunca se enfadan y siempre están alegres. Ellos tienen _____.

7. Pedro nunca cambia de opinión. Él es muy _____.

8. A Roberto no le gusta prestar sus cosas a las demás personas. Él es muy _____.

Estructuras

1. El presente de indicativo

[*] ACTIVIDAD 1   Verbos irregulares Completa el siguiente cuadro de verbos irregulares.

	cerrar	encender	mentir	oír	tener	venir
yo			miento			
tú		enciendes				
vos	cerrás					venís
él/ella/Ud.						
nosotros					tenemos	
vosotros				oís		
ellos/ellas/ Uds.						

[*] ACTIVIDAD 2   Verbos regulares Completa el siguiente párrafo con la forma adecuada del presente de indicativo de los verbos que están entre paréntesis.

Estas fotos de la fiesta internacional son muy bonitas. Aquí Juan _____[1] (cantar) una canción colombiana mientras yo _____[2] (preparar) bebidas típicas de Cuba. En esta otra, tú y Emilia _____[3] (correr) hacia la puerta. Mira, aquí don José, el profesor hondureño, _____[4] (hablar) con Ana y la amiga de ella. En esta foto tú y Agustín _____[5] (escribir) la dirección de Carlos. Él todavía_____[6] (vivir) en Uruguay. A quí tú _____[7] (beber) jugo de mango mientras Mar y Cristina _____[8] (escuchar) a Agustín tocar la guitarra. Él _____[9] (tocar) muy mal. En esta foto todos nosotros _____[10] (bailar) salsa. En esta última, Felicidad y María _____[11] (comer) tortilla española. ¡Qué rica!

2. Cómo se expresa to be

ACTIVIDAD 1 **Ser o estar** Completa las siguientes oraciones con la forma apropiada del verbo **ser** o **estar,** según el caso.

1. Ella _____ profesora de literatura.

2. Nosotros _____ cansados.

3. La mesa _____ de madera.

4. La fiesta _____ a las ocho de la noche.

5. ¿Tú _____ a dieta?

6. Nuestra universidad _____ cerca de la ciudad.

7. _____ la una de la tarde.

8. Los Martínez _____ de vacaciones.

9. Jim _____ estadounidense.

10. Ahora, nosotros _____ escribiendo un mensaje.

ACTIVIDAD 2 **Haber, tener o hacer** Completa las siguientes oraciones con la forma apropiada del verbo **haber, tener** o **hacer,** según el caso.

1. Tú _____ razón. Ese carro es demasiado caro.

2. _____ mucha gente en el concierto.

3. Llevo un abrigo porque _____ mucho frío en esta sala.

4. _____ hambre y queremos comer ahora.

5. Los niños _____ sueño y van a dormir.

6. David _____ vergüenza de cantar en público.

7. Ella _____ 18 años.

8. En la clase _____ sillas, una mesa y una pizarra.

9. _____ mucho calor en el verano.

10. ¡Mira! _____ un carro muy extraño afuera.

* ACTIVIDAD 3   Latinos, hispanos y otros términos Completa las siguientes ideas con la forma apropiada de **ser, estar, hacer, tener** o **haber.**

1. En Latinoamérica _____ personas de todas las razas, por ejemplo, indígenas, blancas, negras y mestizas (*of mixed race*).

2. El uso de los términos «hispano» y «latino» _____ más común en los Estados Unidos que en Latinoamérica y España.

3. En los países hispanohablantes, una persona hispana _____ alguien que nació en un país donde se habla español o se identifica con él, mientras que los latinos _____ las personas originarias de países latinoamericanos y europeos donde se hablan idiomas derivados del latín.

4. El término «chicano» identifica a los ciudadanos estadounidenses que _____ ascendencia mexicana.

5. El término «nuyorrican» _____ dos usos: identifica a los puertorriqueños nacidos en Nueva York y también se aplica a las manifestaciones culturales producidas en los Estados Unidos por puertorriqueños, como su literatura.

6. _____ dominicanos nacidos en los Estados Unidos que se identifican como «dominicanyork».

7. Según la más reciente encuesta, la mayoría de la gente de origen latinoamericano que vive en los Estados Unidos _____ a favor del término «hispano» en vez de «latino».

3. Comparaciones

Comparaciones de igualdad Lee las siguientes oraciones. Luego completa las comparaciones de igualdad que les siguen.

Ejemplo: Yo soy muy simpática. Mi madre es muy simpática también.

Yo soy _tan_ simpática _como_ mi madre

1. Juan es un joven guapo. José es muy guapo también.

   Juan es _____ guapo _____ José.

2. La familia Rodríguez tiene cuatro niños. La familia Pérez tiene cuatro niños.

   La familia Rodríguez tiene _____ niños _____ la familia Pérez.

3. Hay cien personas en la fiesta. Hay cien personas en el concierto.

   Hay _____ personas en la fiesta _____ en el concierto.

4. Estoy cansada de estudiar. Mi amiga está cansada de estudiar también.

   Estoy _____ cansada de estudiar _____ mi amiga.

5. Tenemos cinco pruebas en la clase de español. Tenemos cinco pruebas en la clase de historia.

   Tenemos _____ pruebas en la clase de español _____ en la clase de historia.

* ACTIVIDAD 2 **Comparaciones de desigualdad** Completa las comparaciones de acuerdo con las oraciones originales.

Ejemplo: Nosotros tenemos dos exámenes. Uds. tienen tres exámenes.

Nosotros tenemos _menos_ exámenes _que_ Uds.

1. Miguel tiene un carro. Adrián tiene dos carros.

   Miguel tiene _____ carros _____ Adrián.

2. Mi hermano tiene 15 años. Yo tengo 18 años.

   Mi hermano es _____ _____ yo.

3. Este libro cuesta 12 dólares. Ese libro cuesta 10 dólares.

   Este libro es _____ caro _____ ese libro.

4. La primera película de ese director es buena. La nueva es buenísima.

   La nueva película de ese director es _____ _____ la primera.

5. Nosotros llegamos a las siete de la mañana. La profesora llega a las ocho de la mañana.

   Nosotros llegamos _____ temprano _____ la profesora.

* **ACTIVIDAD 3** **Joaquín y Martín** Completa las siguientes oraciones con términos comparativos, basándote en el dibujo.

Joaquín, 18 años   Martín, 15 años

1. Joaquín es _____ organizado _____ Martín.

2. Martín tiene menos _____ 18 años, por lo tanto, es _____ joven _____ Joaquín.

3. El cuarto de Joaquín es el _____ limpio de la casa.

4. Está claro que a Martín no le gustan los libros _____ _____ le gustan a Joaquín.

5. A Joaquín le interesa _____ la tecnología _____ los deportes.

6. Martín va a la playa _____ veces _____ puede.

* AUTOPRUEBA **Hispanos en los Estados Unidos** Completa el párrafo con las formas apropiadas del presente de indicativo de los verbos **ser, estar, hacer, tener, haber** o de los que aparezcan entre paréntesis. En los casos marcados con asteriscos (*), necesitas incluir términos de comparación.

En los Estados Unidos _____[1] diferentes términos para identificar a los grupos de origen hispano. Por ejemplo, el término «chicano/a» se _____[2] (referir) exclusivamente a los ciudadanos de los Estados Unidos de ascendencia mexicana, a diferencia del término «hispano/a», que _____[3] relacionado con personas que vienen de países en donde en general se habla español. Los términos «hispano/a» y «chicano/a», al igual que «latino/a», tan usados en los Estados Unidos, no siempre _____[4] (implicar) que estas personas hablen el español _____*[5] que el inglés. En los Estados Unidos hay _____*[6] hispanos hispanohablantes o bilingües _____*[7] hispanos que solo hablan inglés, pero la realidad es que hay hispanos que vienen de familias que llevan varias generaciones en este país y que _____[8] (preferir) comunicarse en inglés. De hecho, esa _____[9] la situación de muchos descendientes de mexicanos y puertorriqueños que viven en los Estados Unidos. _____*[10] el término «chicano/a» _____*[11] el término «nuyorrican», que _____[12] (identificar) a los puertorriqueños nacidos en Nueva York, se aplican a una producción literaria escrita por esos escritores en inglés o en una mezcla de inglés y español.

¿Cuándo se dice? Cómo se expresa *to know*

En esta sección de cada capítulo vas a repasar grupos de palabras que, por interferencia del inglés, suelen presentar dificultad a los estudiantes de español de nivel intermedio. Cada una de estas secciones ofrece un cuadro con explicaciones y ejemplos seguido de una actividad de práctica. Las palabras y expresiones de cada sección **¿Cuándo se dice?** se han elegido con el fin específico de ayudarte en la sección **Redacción** del capítulo en que aparece.

conocer	• *to be acquainted/familiar with a person, place, or thing*	**¿Conoces** a mi novia? **Conozco** casi toda Centroamérica, pero no Panamá. Esa historia la **conozco.**
	• *to meet for the first time* (in the preterite)	Se **conocieron** y se enamoraron inmediatamente.
saber	• *to know a fact* • *to know how, to be able* • *to know well (by heart or from memory)* • *to find out* (in the preterite)	**Sé** lo que quieres decir. Manuela **sabe** bailar el tango muy bien. Mi hijo **sabe** toda la letra del himno nacional. Ayer **supe** del accidente de tus padres.

⊡ PRÁCTICA   Lee las siguientes oraciones. Luego completa las oraciones que expresan la misma idea usando la forma apropiada de **saber** o **conocer.**

Ejemplo: Viví muchos años en el Perú.

Conozco el Perú muy bien.

1. Juan habla francés y español.

   Juan _____ hablar francés y español.

2. No puedo visitarte porque no me diste tu dirección.

   No puedo visitarte porque yo no _____ tu dirección.

3. He estado muchas veces en Lima.

   _____ Lima muy bien.

4. La primera vez que vi a Jaime y hablé con él fue en tu casa.

   Yo _____ a Jaime en tu casa.

MÁS personal

ACTIVIDAD 1   Así soy físicamente   Contesta las siguientes preguntas personales con oraciones completas que correspondan con tus rasgos físicos.

Ejemplo: ¿Tienes los ojos azules?

No, no tengo los ojos azules. Tengo los ojos color café.

o: _Sí, tengo los ojos azules._

1. ¿Tienes pecas? _____

2. ¿Tienes mala apariencia? _____

3. ¿Tienes barba y bigote? _____

4. ¿Tienes los ojos negros? _____

5. ¿Eres pelirrojo/a? _____

(Continues)

6. ¿Tienes el pelo lacio? _____

7. ¿Eres calvo/a? _____

8. ¿Llevas anteojos? _____

9. ¿Tienes un lunar al lado de la nariz? _____

10. ¿Tienes una cicatriz en el rostro? _____

11. ¿Tienes una bella sonrisa? _____

ACTIVIDAD 2 **La personalidad** Describe tu personalidad y la de las siguientes personas, incluyendo al menos cuatro características de cada uno.

Ejemplo: Mi abuela: *Mi abuela, por lo general, es una mujer callada pero muy chistosa cuando habla. Es generosa y cariñosa, pero a veces un poco terca.*

Tú: _____

_____

Un miembro de tu familia: _____

_____

Tu mejor amigo/a: _____

_____

¿?: _____

_____

ACTIVIDAD 3   Un día en tu vida de estudiante Contesta las siguientes preguntas sobre tu vida universitaria con oraciones completas.

Ejemplo: Por lo general, ¿a qué hora comienzas el día?

Comienzo el día a las ocho de la mañana.

1. ¿Qué clase prefieres, la de español o la de matemáticas?

_____

2. ¿Se ríen Uds. con frecuencia en la clase de español?

_____

3. ¿Pueden Uds. ayudar a sus amigos a hacer la tarea?

_____

4. ¿Cierran Uds. los libros antes de tomar un examen?

_____

5. Por lo general, ¿dónde haces la tarea?

_____

6. ¿Juegas videojuegos con tus amigos en tu cuarto?

_____

7. ¿Suelen acostarse tarde los viernes por la noche los estudiantes de tu universidad?

_____

8. ¿Tus amigos y tú duermen hasta tarde los sábados por la mañana?

_____

Práctica auditiva

Pronunciación y ortografía

La pronunciación de las vocales en español

El español y el inglés: las diferencias principales

A vowel is a speech sound that is produced without any constriction, where the air flows freely through the mouth without the interference of the lips, teeth, or roof of the mouth. Although the written letters that are vowels in English also represent the vowels in Spanish, their pronunciation in the two languages differs significantly. In English, one written vowel can have different realizations. Listen and then repeat the following words, noting how the same vowel has a distinct pronunciation.

pal   pale
pill   pile

In Spanish, each vowel has one possible pronunciation, where the five letters *a, e, i, o, u* represent the five vowel sounds **a, e, i, o, u**. Although English has more than twice as many vowel sounds in its system than Spanish, none of them directly corresponds to any Spanish vowel.

In Spanish, vowels are short and tense. They are single sounds that are the same at the beginning and the end. This contrasts with the English pronunciation of vowels, which change sound at the end. Listen and repeat the following words considering the o sound, first in English.

cone   ou

And now in Spanish.

cono   o

In this example, the English o is realized as two vowel sounds close together *ou*, but in Spanish, it is produced as a single vowel sound **o**. This pronunciation is characteristic of all five Spanish vowels.

agente	agent
entra	enter
idea	idea
no	no
puro	pure

Another feature that distinguishes Spanish vowels from English is the absence of vowel reduction in Spanish. In English, stressed vowels tend to be elongated, while unstressed vowels often tend to be reduced to a sound that resembles *uh*. In Spanish, vowels do not vary much in accordance with the accentuation of the syllable and are always pronounced in the same manner in both stressed and unstressed positions. Listen to and repeat the following words, noticing the differences in unstressed vowels in the two languages.

comunicación   *communication*
generosidad   *generosity*

Finally, since there are fewer Spanish vowel sounds than English vowel sounds, there are often fewer regional variations in the ways Spanish vowel sounds are pronounced. Consider, for example, the ways in which the phrase "park the car" might be pronounced differently in the northern part of the United States versus the southern part of the country.

La producción de las vocales en español

Now that we have examined the main differences between Spanish and English vowels, let's practice the pronunciation of each Spanish vowel individually. Listen and repeat the following vowels and the example words that follow.

a	tapa	trabaja
e	leche	gerente
i	mililitro	crisis
o	ojo	ozono
u	vudú	tribu

☀ ACTIVIDAD PRÁCTICA

Listen to the following words and write down the missing vowels.

1. ____nam____rado

2. c____rd____llera

3. acost____mbrars____

4. acond____cion____miento

5. f____ís____mo

6. test____r____do

7. desc____mp____nerse

8. neb____los____

9. reconc____li____ción

10. p____t____lante

¡A grabar!

Listen to the following paragraph then record yourself reading it out loud, paying special attention to the pronunciation of the Spanish vowels.

Muchas personas fascinantes viven en mi edificio de apartamentos. Lara y Ana son dos amigas del Canadá. Estas chicas trabajan en un teatro y les encanta cantar y bailar. Mi otro vecino, Osvaldo, es un hombre honesto y honrado, pero siempre habla en una voz monótona. Su esposa se llama Úrsula. Antes de conocer a su marido, tenía muchos moluscos y una tortuga de Uruguay que comía pupusas. El hijo de la pareja se llama Ilidio. Es un individuo muy interesante. Ahora vive en Virginia y trabaja en un zoológico. Su animal favorito es el enorme elefante que siempre come vegetales verdes.

⊡ Cultura El mundo académico y la realidad de los hispanos en los Estados Unidos

Escucha el texto y completa la actividad que sigue. Vas a escuchar el texto dos veces.

El profesor Chon A. Noriega, director del Centro Investigativo de los Estudios Chicanos de UCLA

Courtesy of Professor Chon Noriega, University of California, Los Angeles

Vocabulario útil

el derecho   *right*

¿Entendiste? Completa el resumen del texto que acabas de oír con la información necesaria.

Los grupos de ascendencia mexicana y _____¹ están presentes en los Estados

Unidos desde antes del siglo _____.² Las universidades _____³

han creado programas especializados en estudiar su realidad social y política, y su

_____⁴ cultural. El interés por estudiar la realidad de estas comunidades

comienza después de las luchas de los derechos civiles en los años _____⁵

y _____.⁶ Los grupos que han emigrado más recientemente son los cubanos, los

dominicanos y los _____.⁷ Los _____⁸ que

vienen de estos grupos están muy interesados por conocer más sobre el origen de

sus _____.⁹

⊡ Circunlocución: Cuando no conocemos la palabra exacta

Esta última sección de cada capítulo de tu *Cuaderno de práctica* sirve para practicar la circunlocución, es decir, el tipo de explicación que damos cuando no podemos nombrar algo exactamente y tenemos que definirlo o describirlo. Esta función lingüística es siempre útil en la comunicación, especialmente cuando no somos hablantes nativos y tenemos un vocabulario limitado.

Empareja cada una de las tres definiciones que vas a escuchar con el dibujo y palabra correspondientes. Vas a escuchar cada definición dos veces. Luego escribe tu propia definición de la última palabra.

Cada uno de los dibujos representa un adjetivo que describe una emoción.

A. cabizbajo/a

B. iracundo/a

C. asqueado/a

D. estupefacto/a

1. _____   2. _____   3. _____

Tu definición:

_____

_____

«Yo soy yo y mis circunstancias» 2

Práctica escrita

Palabras

* ACTIVIDAD 1 **Definiciones** Empareja una definición de la columna A con una palabra de la columna B.

A

_____ 1. una persona que niega la existencia de Dios

_____ 2. una persona que pertenece a la iglesia luterana, evangelista o baptista, por ejemplo

_____ 3. firme acuerdo y conformidad con alguna cosa transcendental

_____ 4. costumbre o ceremonia

_____ 5. hablar con Dios

_____ 6. favorecer, patrocinar o ayudar

_____ 7. templo para las personas musulmanas

_____ 8. ser supremo en las religiones monoteístas

_____ 9. templo para personas judías

B

a. rito

b. mezquita

c. rezar

d. ateo/a

e. Dios

f. apoyar

g. protestante

h. creencia

i. sinagoga

* ACTIVIDAD 2 **Mi compañero Rubén y yo** Completa el párrafo con las palabras apropiadas de la siguiente lista, conjugando los verbos en el presente de indicativo.

agnóstico   asociación   creencias   formar parte   partido

amistad   compañero   equipo   generación   pertenecer

Mi _____[1] de clase Rubén y yo tenemos mucho en común. Los

dos nacimos en la década de los 90, así que somos de la misma _____.[2]

Ambos _____[3] a un grupo musical que se llama «Latin Rrrrap» y jugamos en el

mismo _____[4] de béisbol. Además nosotros _____[5] del club de

escaladores de montañas de la universidad y de la _____[6] de estudiantes

latinos. Ni a Rubén ni a mí nos interesa la política, así que no estamos afiliados a

ningún _____[7] político. En realidad, la diferencia más grande entre nosotros

son nuestras _____[8] religiosas: yo soy cristiano y creo en Dios, pero Rubén es

_____.[9] Esto, sin embargo, no influye de manera negativa en nuestra gran

_____.[10]

* ACTIVIDAD 3 **Palabras diferentes** Señala la palabra que no pertenece al grupo.

Ejemplo: horario   (faltar a clase)   fecha límite

1. informática   calificación   ingeniería
2. facultad   nota   suspender
3. bachillerato   licenciatura   equipo
4. apuntes   beca   informe escrito
5. fecha límite   horario   plazo
6. judía   agnóstica   fe
7. alumno   estudiante   materia
8. dios   alumno   universitario
9. suspender   compartir   reprobar
10. tema   plazo   curso académico

Estructuras

4. Los pronombres de objeto directo e indirecto

[*] **ACTIVIDAD 1** **Pronombres de objeto directo** Completa los siguientes diálogos con el pronombre de objeto directo apropiado.

Ejemplo: —¿Dónde está la cafetera (*coffee pot*)?

   — _La_ tiene Marisa, porque la suya no funciona.

1. —No oí bien. ¿Quién hizo la pregunta?

   — _____ hice yo.

2. —¿Puedo usar tu libro de español? El mío está en casa de mi novio.

   —Pues claro, puedes usar _____ ahora, pero yo _____ necesito esta noche.

3. —¿Vas a ver a tus padres este fin de semana?

   —No, voy a ver _____ el miércoles de la próxima semana.

4. —¿Por qué tienes que hacer todas las galletas esta noche?

   —Tengo que hacer _____ todas porque prometí llevar _____ a la iglesia mañana para el servicio de las nueve.

5. —¡Qué hambre tengo!

   —Pues _____ invito a comer, porque te debo una invitación.

6. —¡Vámonos al cine! Estoy deseando ver la nueva película de Gael García Bernal.

   —¡Estupendo! Yo también estoy deseando ver _____.

[*] **ACTIVIDAD 2** **Pronombres de objeto directo** Identifica el objeto directo que sustituye el pronombre de cada oración.

Ejemplo: Mi profesor quiere leer el poema que escribí. Voy a llevar<u>lo</u> a clase mañana.

   (el poema) / mi profesor

1. ¿Sabes que Jaime se va a presentar a las elecciones para presidente del estudiantado? Me <u>lo</u> dijo esta mañana.

   Jaime / que Jaime se va a presentar para presidente

(Continues)

2. La razón la tiene María, pero eso no importa en este momento.

   María / la razón

3. Los exámenes se los devolvió la profesora a los estudiantes esta mañana.

   los exámenes / los estudiantes

4. Estoy hablando contigo, ¿es que no me oyes?

   yo /a mí

5. A la fiesta voy a traer una ensalada grande, cinco sillas y a mis compañeras de casa. Puedo traerlas a todas, ¿no?

   todas las cosas / las compañeras de casa

□* ACTIVIDAD 3 **Pronombres de objeto indirecto** Escoge el pronombre de objecto indirecto apropiado para cada oración.

Ejemplo: (Le / Les) prestó el CD a su hermana.

1. El profesor (le / les) explicó el tema de la composición a los estudiantes.

2. (Me / Te) preguntó a ti, no (me / te) preguntó a mí.

3. El gobernador (le / les) agradeció a su equipo de trabajo el éxito de la actividad.

4. (Me / Nos) regaló flores a todos nosotros.

5. El director (le / les) preguntó el nombre al empleado varias veces.

6. Los estudiantes de segundo año (les / nos) dimos la bienvenida a los nuevos estudiantes.

□* ACTIVIDAD 4 **Para evitar la redundancia** Completa el siguiente diálogo con los pronombres de objeto directo e indirecto necesarios, poniéndolos en el lugar más apropiado con los verbos que están entre paréntesis. Sigue el ejemplo.

JEFA: Necesito revisar el informe. *¿Me lo puede buscar* (puede buscar)?

SECRETARIA: _____ _____ _____¹ (busco) ahora mismo.

JEFA: El decano (*dean*) no pudo asistir a la cita con el profesorado.

SECRETARIA: No se preocupe. Ya _____ _____² (envié) un mensaje para informarle sobre los temas discutidos en la reunión.

JEFA: ¿Cuándo _____ _____ _____³ (envió) Ud.?

SECRETARIA: Ayer.

JEFA: ¿ _____ _____ _____4 (va a recibir) antes de la próxima reunión?

SECRETARIA: Seguro que sí. Otra cosa: a Ud. _____ _____5 (enviaron) los artículos de la biblioteca que pidió ayer.

JEFA: Bien. ¿Dónde están?

SECRETARIA: _____ _____6 (puse) en su mesa.

JEFA: ¿ _____ _____7 (podría hacer) unas fotocopias?

SECRETARIA: Cómo no: _____ _____ _____8 (hago) ahora mismo.

5. Los reflexivos

ACTIVIDAD 1 **Verbos reflexivos** Completa el siguiente cuadro de verbos reflexivos.

	yo	tú	vos	él/ella/Ud.	nosotros	vosotros	ellos/ Uds.
acostarse	me acuesto						
dormirse					nos dormimos		
enamorarse		te enamoras					
ponerse							se ponen
parecerse				se parece			
volverse			te volvés				
divertirse						os divertís	

ACTIVIDAD 2 **Mis compañeros de casa y yo** Completa el siguiente texto conjugando los verbos reflexivos que están entre paréntesis. Pueden estar en el presente de indicativo o en el infinitivo.

Mis compañeros de casa y yo nunca _____1 (acostarse) temprano: siempre _____2 (quedarse) hasta tarde charlando o viendo la tele. Por eso, tenemos serios problemas para _____3 (despertarse) por la mañana. Afortunadamente,

(Continues)

yo soy el único que _____4 (ducharse) por la mañana. Mi primera clase es muy temprano y por eso _____5 (beberse) el café por el camino (on the way). Cuando yo _____6 (irse), mis compañeros todavía están durmiendo. La verdad es que los cuatro _____7 (divertirse) mucho viviendo juntos. Yo solo _____8 (enojarse) cuando mis compañeras Luisa y Daniela necesitan usar el baño al mismo tiempo que yo. Las dos _____9 (peinarse) y _____10 (maquillarse) por una hora antes de salir. En esta situación, Gabriel y yo _____11 (sentarse) a leer el periódico y tratamos de _____12 (calmarse). ¿Qué más se puede hacer?

* **ACTIVIDAD 3** **Tu generación** Completa las siguientes oraciones conjugando los verbos entre paréntesis en el presente de indicativo. Además, tienes que decidir si el verbo es reflexivo o no en cada caso.

Ejemplo: Nosotros___**nos reunimos**___ (reunir) a discutir problemas de actualidad.

1. Los estudiantes universitarios _____ (dedicar) mucho tiempo a los estudios.

2. Todos los estudiantes _____ (preparar) muy bien para los exámenes.

3. Muchos jóvenes _____ (llamar) a sus padres con frecuencia.

4. Nosotros _____ (dormir) pocas horas las noches entre semana.

5. Muchos de nosotros _____ (sentir) cansados con frecuencia.

6. Mi generación _____ (acordar) de votar en las elecciones.

7. Muchos _____ (dedicar) a hacer trabajo voluntario.

8. No muchos de mis compañeros _____ (ir) de la universidad sin terminar sus estudios.

6. Gustar y otros verbos similares

* **ACTIVIDAD 1** **Frases incompletas** Siguiendo el ejemplo, completa las oraciones con la forma correcta de los verbos entre paréntesis y con las otras palabras necesarias.

Ejemplo: ___A___ mí no ___me___ ___toca___ (tocar) organizar la reunión de nuestra asociación.

1. A mi hermano _____ _____ (gustar) su nuevo trabajo.

2. _____ _____ me _____ (doler) los pies cuando bailo mucho.

3. A la profesora _____ _____ (encantar) la poesía hispanoamericana.

4. Nos _____ (hacer) falta estudiar más para la prueba.

5. A mis vecinos _____ _____ (molestar) la música a todo volumen después de la medianoche.

6. ¿Es que a _____ no te _____ (importar) la opinión de los demás?

7. No nos _____ (quedar) mucho dinero para el resto del viaje.

8. ¿A quién _____ _____ (tocar) presentar su informe?

9. _____ Camilo y Gabriela _____ _____ (caer) mal la novia de Andrés.

⁕ **ACTIVIDAD 2** **Variaciones** Las siguientes oraciones tienen verbos como **gustar**. Cámbialas para practicar algunas posibles variaciones.

Ejemplo: Me encanta el chocolate.

    a. *A mí me encanta el chocolate.*

    b. *El chocolate me encanta.*

1. Te molestan los zapatos.

    a. _____

    b. _____

2. Nos conviene esta clase.

    a. _____

    b. _____

3. Le (Ud.) duele la cabeza.

    a. _____

    b. _____

convenir   hacer falta   molestar   quedar

encantar   interesar   parecer   tocar

Ejemplo: José compra una novela todas las semanas. A José *le encanta* la literatura.

1. No estoy de acuerdo contigo. A mí _____ que estás equivocada.

2. Ya nosotros expresamos nuestra opinión. Ahora _____ a Uds. expresar su opinión.

3. La situación económica de sus padres es difícil. Por eso a Samuel _____ ahorrar en sus gastos porque ellos no pueden ayudarlo mucho económicamente.

4. Juan practica el piano todos los días. _____ la música.

5. No puedo pagar todos los gastos del viaje. _____ más dinero.

6. Llevo mucho tiempo esperándote. _____ que me hagas esperarte siempre.

7. Manuel quiere conocer otros países. _____ mucho saber de la historia de otras culturas.

8. El libro que estás leyendo tiene doce capítulos. Leíste ocho capítulos ayer, así que _____ solamente cuatro capítulos para terminar el libro.

* **AUTOPRUEBA**   **La presencia profesional de las mujeres en la sociedad actual**
Completa el siguiente párrafo escogiendo uno de los dos infinitivos que están entre paréntesis y conjugándolo en el presente de indicativo. Los infinitivos marcados con un asterisco son del tipo del verbo **gustar** y requieren un objeto indirecto además de la conjugación del verbo.

Cada vez más (*More and more*) las mujeres _____[1] (interesar / interesarse) en carreras universitarias. No solo asisten a la universidad, sino que _____[2] (graduar / graduarse) en proporciones mayores que los hombres. Esos cambios _____[3] (reflejar / reflejarse) en el ambiente universitario: hoy hay más mujeres en puestos importantes. Por otro lado, las mujeres ya no solo _____[4] (dedicar / dedicarse) a profesiones tradicionalmente asociadas a su género, como la enfermería y la pedagogía. Las estadísticas recientes muestran que hoy día más mujeres _____[5] (preparar / prepararse) para ingresar en carreras como ingeniería, medicina, derecho, etcétera. A pesar de estos cambios, la sociedad todavía _____[6] (identificar / identificarse) a las mujeres con la responsabilidad del hogar y la familia, lo cual resulta a veces en que a muchas mujeres _____[7] (tocar*) trabajar doble jornada. Por el contrario, muchos hombres no _____[8] (enfrentar / enfrentarse) al dilema de la profesión frente al hogar. Es una situación que a muchos de nosotros _____[9] (parecer*) muy difícil e injusta. Afortunadamente, se empiezan a ver más hombres que _____[10] (convertir / convertirse) en amos de casa (*househusbands*), mientras que sus mujeres continúan una carrera profesional.

¿Cuándo se dice? Maneras de expresar *but*

pero	*but* (introduces an idea contrary or complementary to the first idea in the sentence)	Quiero viajar, **pero** no puedo este año. No estoy ganando mucho dinero con este trabajo, **pero** estoy aprendiendo mucho.
sino	*but rather, instead* (contrasts nouns, adjectives, or adverbs; used when the first part of the sentence negates something and what follows takes the place of what is negated)	No es rojo, **sino** morado. El examen no fue difícil, **sino** dificilísimo. Lo importante no es ganar, **sino** participar.
sino que	*but rather, instead* (used like **sino**, but to contrast conjugated verbs)	Lo importante no es que ganaste, **sino que** disfrutaste.

* **PRÁCTICA**   Llena los espacios en blanco con **pero, sino** o **sino que,** según el caso.

1. Mi equipo de fútbol no es muy bueno, _____todos nos divertimos jugando.

2. Mi equipo de fútbol no es muy bueno, _____ malo.

3. No, nuestro entrenador no es don Antonio, _____ don Ismael.

4. Nuestro entrenador es muy estricto, _____ es muy simpático también.

5. Nuestro entrenador no quiere que corramos tanto en los partidos, _____ les pasemos la pelota a nuestros compañeros.

6. Nuestro entrenador quiere que les pasemos la pelota a nuestros compañeros, _____ nadie lo escucha.

MÁS personal

ACTIVIDAD 1 **Perfil personal** Contesta las siguientes preguntas.

1. ¿Eres muy religioso/a? ¿Con qué denominación religiosa te identificas?

   _____

2. ¿Dónde estás registrado para votar? ¿Por qué allí?

   _____

3. ¿Qué área de estudios te interesa más: las humanidades, las ciencias sociales o las ciencias naturales? ¿Qué cursos tomas este semestre?

   _____

4. ¿A qué grupo o equipo del campus perteneces?

   _____

ACTIVIDAD 2 **Detalles de tu vida** Contesta las siguientes preguntas usando pronombres para evitar la repetición de los objetos directos.

Ejemplo: ¿Con qué frecuencia ves a tu mejor amigo/a en el campus?

Lo/La veo casi todos los días para cenar.

1. ¿Con qué frecuencia ves a tu mejor amigo/a en el campus?

   _____

2. ¿Te mandaron tus padres un paquete la semana pasada?

   _____

3. ¿Quién te dio el mejor regalo este año?

   _____

4. ¿Quieres comprarle un buen regalo a tu mejor amigo/a para su próximo cumpleaños?

   _____

ACTIVIDAD 3   **Reacciones**   ¿Cómo reaccionas en las siguientes situaciones? Usa un verbo diferente en cada respuesta.

aburrirse	enfermarse	ponerse + *adjetivo* (furioso/a, celoso/a, histérico/a, triste)
alegrarse	enfurecerse	volverse + *adjetivo* (loco/a)
enfadarse	enojarse	

Ejemplo: Si alguien fuma en la sección de no fumar.
<u>*Me enfado.*</u>

1. Si un(a) compañero/a de clase copia mi examen y el profesor lo ve y nos riñe (*scolds*) a los dos.

   _____

2. Si me entero (*find out*) de que la persona que sale conmigo sale con otra persona y no me lo dice.

   _____

3. Si mi mejor amigo/a me dice que va a casarse muy pronto.

   _____

4. Si mi equipo favorito gana la liga (*league*).

   _____

5. Si me como una copa gigante de helado.

   _____

6. Si tomo una clase de cálculo avanzado.

   _____

ACTIVIDAD 4   **Tus gustos**   Escribe una frase que exprese tus preferencias con cada uno de los siguientes verbos del tipo de **gustar**.

Ejemplo: gustar → *Me gusta mucho el fútbol.*
O: El fútbol no me gusta para nada.

gustar: _____

encantar: _____

molestar: _____

hacer falta: _____

tocar: _____

Práctica auditiva
Pronunciación y ortografía

Las sílabas

La silabación
In order to have a better understanding of how Spanish accentuation works, let us begin by examining how Spanish words are divided into syllables, a process called syllabification.

Las consonantes
Syllables in Spanish tend to begin with a consonant and are usually followed by one or two vowels. Listen and then repeat the following words.

ropa	→ ro / pa
colaboración	→ co / la / bo / ra / ción

In Spanish, a syllable must begin with a consonant combination that could be used to begin a word. For example, unlike in English, in Spanish consonant combinations beginning with **s** must follow an **e**. The same applies to syllables.

España (*Spain*)   **escuela** (*school*)   **estatua** (*statue*)

When there are two consonants together, the word is divided so that one stays at the end of a syllable and the other begins the following syllable. The exception is with the consonant combination **ch**, or with consonants combined with **l** or **r** (**ll, rr, bl, br, cl, cr, dr, fl, fr, gl, gr, pl, pr, tr**), which are used to begin the second syllable with the vowel that follows.

acción	→ ac / ción	**pobre**	→ po / bre
apto	→ ap / to	**hablante**	→ ha / blan / te
arroz	→ a / rroz	**impropio**	→ im / pro / pio
milla	→ mi / lla		

When there are three or four consonants together, they must be broken so that the second syllable begins with one consonant or one of the above-mentioned consonant combinations (**ch** or combinations with **l** or **r**), and the remaining consonants stay the end of the first syllable.

instante	→ ins / tan / te
completar	→ com / ple / tar
introducción	→ in / tro / duc / ción
explicación	→ ex / pli / ca / ción

Las vocales

Spanish has 5 vowels: **a, e, i, o, u**. The vowels **a, e, o** are considered strong vowels, and the vowels **i** and **u** are considered weak vowels. When two strong vowels appear together, they will be assigned to different syllables.

> **te / a / tro**
> **po / e / ma**

When there are two vowels together and at least one of those is a weak vowel, the two vowels will typically be in the same syllable.

> **pie / dra**
> **nue / ra**
> **fui / mos**

☀ ACTIVIDAD PRÁCTICA

Listen to the following words. Then, divide the words you hear into syllables.

1. _____   6. _____
2. _____   7. _____
3. _____   8. _____
4. _____   9. _____
5. _____   10. _____

☀ ¡A grabar!

Listen to the following paragraph then record yourself reading it out loud. Finally, rewrite the indicated words, dividing them into syllables.

Cada día **tengo**[1] la misma rutina **diaria**.[2] Debo levantarme a las **siete**[3] de la mañana para estar lista para mis clases que **empiezan**[4] a las ocho. Primero, voy a mis clases de **ciencias**[5] políticas y contabilidad. **Después**[6], me **encuentro**[7] con mis amigos y alrededor de la una, nosotros **almorzamos**.[8] Más tarde, voy a la biblioteca para hacer la **tarea**[9] y prepararme para la clase de **sociología**.[10] Regreso a casa a eso de las **cinco**,[11] preparo algo ligero para comer y **estudio**[12] **hasta**[13] las once de la noche. Antes de **acostarme**,[14] **prefiero**[15] mirar mis programas favoritos o **planear**[16] el día **siguiente**.[17] No me **divierto**[18] durante la semana, pero los fines de semana mis amigos y yo **generalmente**[19] vamos al cine, a una discoteca o a un **concierto**.[20]

1. _____	11. _____
2. _____	12. _____
3. _____	13. _____
4. _____	14. _____
5. _____	15. _____
6. _____	16. _____
7. _____	17. _____
8. _____	18. _____
9. _____	19. _____
10. _____	20. _____

▣ Cultura   Eugenio María de Hostos, el educador de América

Escucha el texto y completa la actividad que sigue.
Vas a escuchar el texto dos veces.

Vocabulario útil

el periodismo   *journalism*
destacarse   *to stand out*
garantizar   *to guarantee*

Eugenio María de Hostos

©Paul Thompson Images/ Alamy

▣ ¿Entendiste?   Completa las oraciones según las ideas del texto.

1. Eugenio María de Hostos nació en _____ (país) en
   _____ (año).

2. Estudió en _____ (país).

3. Viajó por _____ (continente) para buscar apoyo para la liberación política
   de _____ y _____ (países).

4. Hostos fue periodista mientras vivió en _____ .

5. También fue _____ (profesión).

6. Como intelectual, estaba muy preocupado por la _____ de las mujeres,
   lo cual era muy avanzado para el siglo XIX (*19ᵗʰ century*).

⊡ Circunlocución: cuando no conocemos la palabra exacta

Empareja cada una de las tres definiciones que vas a escuchar con el dibujo y palabra correspondientes. Vas a escuchar cada definición dos veces. Luego escribe tu propia definición de la última palabra.

Estas palabras tienen que ver con lugares que tú conoces bien, aunque es posible que tú los llames de otra forma. Las palabras que ves aquí se usan en España.

A. el servicio

B. el aula

C. la cancha

D. el escenario

1. _____   2. _____   3. _____

Tu definición:

_____

_____

Raíces

3

Práctica escrita

Palabras

☀ ACTIVIDAD 1   Palabras opuestas   Escribe un antónimo para cada una de las siguientes palabras.

Ejemplo: hija: _madre_

1. suegros: _____

2. tíos: _____

3. madrastra: _____

4. padrino: _____

5. nietos: _____

6. estar unidos: _____

7. reírse: _____

8. nacer: _____

9. bisabuelos: _____

* **ACTIVIDAD 2**   **Asociaciones**   ¿Qué palabra de la lista asocias con cada una de las siguientes personas y cosas?

bautizo	brindis	parentesco	primera comunión
boda	entierro	Pascua Florida	quinceañera

1. un bebé   _____

2. una chica adolescente   _____

3. una pareja de novios   _____

4. un niño de diez años más o menos   _____

5. un cementerio   _____

6. la primavera   _____

7. el champán   _____

8. los parientes   _____

* **ACTIVIDAD 3**   **Mar y su familia**   Indica la palabra apropiada para completar las siguientes oraciones.

1. Yo me llamo Mar, pero todos me llaman por mi (memoria / apodo): «Chica».

2. Yo (lloré / nací) en La Paz, Bolivia, pero mi familia (se mudó / brindó) a

   Los Ángeles.

3. Mis abuelos y mis (abrazos / tíos) todavía viven en Bolivia.

4. Ellos nos (felicitan / mandan) fotos y cartas con muchas (anécdotas / pascuas) sobre

   mis primos pequeños.

5. Yo soy hija única, pero mis padres quieren (enviar / adoptar) a un niño para que yo

   tenga un hermano.

6. Yo tengo muy buenos (memorias / recuerdos) de mi país y sé que allá también está

   mi (hogar / fecha).

7. Yo hablo español todos los días con mis padres porque no quiero perder mi

   (felicitación / herencia) cultural.

8. Mis padres me (crecen / quieren) mucho y me muestran su (parecido / cariño) con

   abrazos y besos.

9. Mi prima favorita (se ríe / se casa) el 30 de mayo. Tengo que hacer un (aniversario / brindis) en la boda, y para mí va a ser difícil hacerlo sin (llorar / heredar).

10. Mi madre y yo (nos parecemos / enviamos) mucho. Tenemos la misma nariz y los mismos ojos.

11. Mis padres y yo no siempre (felicitamos / nos llevamos bien), pero lo importante es que estamos muy (unidos / distanciados).

Estructuras

7. El pretérito de indicativo

* **ACTIVIDAD 1**   **Verbos irregulares en el pretérito**   Completa el siguiente cuadro de verbos en el pretérito.

	yo	tú	él/ella/Ud.	nosotros	vosotros	ellos/ellas/Uds.
querer						
dar						
	estuve					
ser						
	fui					
			pudo			
traer						
						vinieron
tener						
caber					cupisteis	

* **ACTIVIDAD 2**   **Isabel**   Vuelve a contar en el pasado la siguiente historia cambiando los verbos del presente histórico al pretérito.

Ejemplo: Isabel Martínez Rivera ingresa en la universidad en 1992.

Isabel Martínez Rivera ingresó en la universidad en 1992.

(Continues)

1. Isabel Martínez Rivera y José Torres Rodríguez se conocen en la universidad.

_____

2. Ella termina sus estudios de medicina.

_____

3. Él se gradúa de ingeniero.

_____

4. José le propone matrimonio a Isabel en una reunión familiar.

_____

5. Tienen una gran celebración para la boda.

_____

6. Adquieren una casa.

_____

7. Nace su primer hijo, Emilio José, en 2001.

_____

8. Celebran el bautizo de su hijo seis meses después.

_____

Recuerda ¿Cuáles son los apellidos de Emilio José? (Si no lo sabes, lee en tu libro de texto, página 78, la sección **Cultura** sobre los apellidos hispanos).

Emilio José _____ _____

[*] **ACTIVIDAD 3**   **El día de la boda**   Escribe una oración combinando los elementos y conjugando el verbo en el pretérito.

Ejemplo: los invitados / llegar temprano
           Los invitados llegaron temprano.

1. los novios / intercambiar los anillos _____

2. la novia / ponerse nerviosa _____

3. la ceremonia / ser muy corta _____

4. el fotógrafo / tomar muchas fotos _____

5. la madrina / leer un poema _____

6. yo / felicitar a los novios _____

7. el novio y la novia / besarse _____

8. tú / disfrutar la fiesta _____

9. los familiares / sentirse muy felices _____

10. los camareros / servir champán en la fiesta _____

8. El imperfecto de indicativo

[*] **ACTIVIDAD 1**   **Verbos en el imperfecto**   Completa el siguiente cuadro de verbos en el imperfecto.

	yo	tú	él/ella/Ud.	nosotros	vosotros	ellos/ellas/Uds.
ir	iba					
hacer		hacías				
jugar			jugaba			
ser				éramos		
ver					veíais	
correr						corrían
hablar		hablabas				
decir			decía			
poder				podíamos		

[*] **ACTIVIDAD 2**   **Costumbres de familia**   Completa el siguiente párrafo con la forma apropiada del imperfecto de los verbos que están entre paréntesis.

En mi niñez, las mujeres de mi familia _____[1] (reunirse) en la cocina de la abuela para contar historias. A las tres de la tarde, Tata, que _____[2] (ser) el apodo de la abuela, _____[3] (preparar) café para todas sus hijas. Mis primas y yo _____[4] (escuchar) con atención cuando las tías _____[5] (hablar) de su vida en Puerto Rico. Nosotras no _____[6] (conocer) bien la isla porque nacimos en Nueva York. Ellas siempre nos _____[7] (decir) que nosotras _____[8] (deber) mantener buenas relaciones con nuestros familiares de la isla.

★ ACTIVIDAD 3   Los hermanos opuestos Completa las oraciones conjugando en el imperfecto el verbo de la lista que mejor haga contraste con la primera parte de cada oración.

Ejemplo: Yo jugaba mientras mi hermano *descansaba*.

correr	criar	dormir	gritar	preferir

1. Yo caminaba mientras mi hermano _____.

2. Yo hablaba en voz baja mientras mi hermano _____.

3. Yo disfrutaba del campo mientras mi hermano _____ la ciudad.

4. Yo me levantaba temprano mientras mi hermano _____ hasta muy tarde.

5. Yo cultivaba flores mientras mi hermano _____ animales.

9. Cómo se combinan el pretérito y el imperfecto

★ ACTIVIDAD 1   Mi nuevo hogar Elige la opción correcta —pretérito o imperfecto— para completar cada oración.

Cuando yo (tuve / tenía)[1] 23 años, (decidí / decidía)[2] venir a los Estados Unidos. Cuando llegué a los Estados Unidos por primera vez (fueron / eran)[3] las 11 de la mañana y (llovió / llovía)[4] mucho en ese momento.

Aunque en los Estados Unidos no (vivió / vivía)[5] ningún pariente mío, pronto (conocí / conocía)[6] a muchas personas. Por varios meses todos mis nuevos amigos me (ayudaron / ayudaban)[7] a buscar un apartamento para vivir. Mi nuevo hogar (estuvo / estaba)[8] en una calle muy bonita, donde (hubo / había)[9] muchos árboles. La calle se (llamó / llamaba)[10] Acacia Boulevard.

★ ACTIVIDAD 2   El bisabuelo Completa el siguiente párrafo con la forma correcta del pretérito o el imperfecto del verbo que está entre paréntesis.

Mi bisabuelo Ismael _____[1] (nacer) en el año 1910 y _____[2] (crecer) en Galicia. _____[3] (ser) un hombre serio y responsable. _____[4] (empezar) a trabajar muy joven en la agricultura. Cuando _____[5] (casarse) con mi bisabuela, él _____[6] (tener) 18 años. De 1936 a 1939 _____[7] (luchar) en la Guerra Civil con los republicanos. Por eso, cuando _____[8] (llegar) la dictadura de Franco, mis bisabuelos _____[9] (emigrar) a México. En 1945, mis bisabuelos _____[10] (decidir) cruzar la frontera y mi bisabuelo _____[11] (conseguir) trabajo en Nueva Jersey. Ellos _____[12] (vivir) en un apartamento pequeño donde _____[13] (criarse) los hermanos de mi abuelo. Mi abuelo, que también se llama Ismael, nació en México; sus hermanos nacieron en los Estados Unidos. Mi bisabuelo _____[14] (morir) en 1965 y nunca _____[15] (poder) volver a España. Pero ese mismo año, mi abuelo _____[16] (llevar) a mi bisabuela a España. En Galicia, las familias de mis bisabuelos _____[17] (tener) una misa de funeral por mi bisabuelo y también le _____[18] (presentar) a mi abuelo a una prima segunda, Rosa. Mi abuelo _____[19] (enamorarse) de ella a primera vista y dos meses más tarde _____[20] (volver) a Nueva Jersey con dos mujeres: su madre y su esposa, las dos del mismo pueblo gallego.

* ACTIVIDAD 3 **¿Imperfecto o pretérito?** Completa las siguientes oraciones conjugando el verbo que está entre paréntesis en el pretérito o el imperfecto, según el caso.

Ejemplo: Nosotros _____ (conocer) anoche a la familia Ruiz.

Nosotros *conocimos* anoche a la familia Ruiz.

1. El profesor _____ (conocer) la leyenda desde antes de leer el artículo.

2. Me sentía incómoda en la fiesta porque no _____ (conocer) a los demás invitados.

3. _____ (querer) hablar contigo, pero no _____ (poder) llamarte ayer.

4. Él ya _____ (saber) la noticia por el periódico, pero _____ (saber) por sus padres los detalles más delicados.

5. Ana no _____ (querer) llamarlo porque tenía miedo de su reacción. Por eso, no habló con él ayer.

* AUTOPRUEBA **Un momento inolvidable** Completa el siguiente párrafo con la forma correcta del verbo entre paréntesis en el pretérito o en el imperfecto.

Ayer _____[1] (casarse) Marisa y Yairo. _____[2] (ser) una boda muy especial. Ellos _____[3] (preferir) celebrar la ceremonia al aire libre, lo cual fue una buena decisión porque el lugar _____[4] (ser) un jardín con árboles altos

(Continues)

y flores de muchos colores. El día _____ [5] (estar) soleado, pero no

_____ [6] (hacer) calor. _____ [7] (haber) más de cien invitados. Lo más

entrañable (*the most tender moment*) del evento _____ [8] (tener) que ver con

los bisabuelos de Marisa, que _____ [9] (poder) asistir a la ceremonia y

también a la fiesta por un rato. Los bisabuelos están muy mayores y casi nunca salen

ya. Marisa _____ [10] (emocionarse) cuando su bisabuelo _____ [11]

(insistir) en bailar un bolero con ella. Todos los invitados al banquete _____ [12]

(romper) en un aplauso.

¿Cuándo se dice?   Historia, cuento y cuenta

historia	story (of a book or a movie, or something that happened) history	El libro narra la **historia** de una pareja que tiene que separarse durante la revolución. Me contó una **historia** increíble que ocurrió ayer en Madrid. Todos los chicos deben estudiar la **historia** de su país.
cuento	tale short story	Cuando era pequeña me encantaban los **cuentos** de hadas (*fairy tales*). Borges escribió unos **cuentos** maravillosos.
cuenta	conjugated form of verb **contar** bill (noun) mathematical operation (noun)	El libro **cuenta** la historia de un artista enfermo. ¡**Cuénta**melo todo! Camarero, la **cuenta**, por favor. María ya sabe hacer **cuentas** de restar y multiplicar.

* **PRÁCTICA**   Completa las siguientes oraciones con la forma plural o singular de **historia, cuento** o **cuenta.**

1. En las películas prefiero las _____ que terminan mal.

2. Este sábado varios artistas van a leer un _____ para los niños en la biblioteca municipal.

3. La _____ la escriben los vencedores.

4. Hice bien todas las _____ en el examen de matemáticas.

5. Estoy leyendo un libro de _____ que se llama *Final del juego,* del escritor argentino Julio Cortázar.

6. Esta _____ está mal. El total no puede ser tanto dinero.

MÁS personal

ACTIVIDAD 1   **Tu familia**   Responde con oraciones completas a las siguientes preguntas sobre tu familia.

1. ¿Tienes una familia grande o pequeña?

   _____

2. ¿Cómo se llaman tus abuelos paternos?

   _____

3. ¿Dónde viven tus tíos y tías?

   _____

4. ¿Tienes cuñados y cuñadas? ¿Con quiénes están casados?

   _____

5. ¿Quiénes en tu familia se llevan mal? ¿Por qué?

   _____

ACTIVIDAD 2   **Mi foto favorita**   Selecciona una foto de tu álbum personal donde aparezcan varios miembros de tu familia. Luego describe quiénes son, dónde están y qué están haciendo o celebrando.

Ejemplo: *Este es mi hermano Antonio con Timoteo, el ahijado de su esposa. Están en una fiesta celebrando el cumpleaños de Manuela, la hermana de mi cuñada, que cumple 40 años. Están vestidos como en los años sesenta porque ese era el tema de la fiesta. En la pared hay algunos dibujos que hicieron mis sobrinos como regalo para su tía Manuela.*

©Virginia M. Adán-Lifante

Mi foto favorita: _____

_____

_____

_____

_____

ACTIVIDAD 3   Recuerdos de la infancia   ¿Cuál es la primera celebración de tu cumpleaños que recuerdas bien? Trata de usar todos los detalles que recuerdes, incluyendo el lugar donde se celebró. Puedes usar los verbos de la lista.

celebrar	cumplir	regalar	traer
crecer	invitar	soplar las velas	venir
		(*to blow out the candles*)	

_____

_____

_____

_____

_____

_____

Práctica auditiva

Pronunciación y ortografía

La acentuación

Las reglas de acentuación
There are two main rules in Spanish regarding stress. According to **Rule #1**, if a word ends in a vowel, **-n**, or **-s**, the stress falls naturally on the second-to-last syllable. Listen and repeat the following words exaggerating the stressed syllable.

re / <u>su</u> / men
pro / fe / <u>so</u> / ra
us / <u>te</u> / des

According to **Rule #2**, if a word ends in a consonant other than **-n** or **-s**, the stress falls naturally on the last syllable. Listen and repeat the following examples exaggerating the stressed syllable.

pro / fun / di / <u>dad</u>
tra / ba / ja / <u>dor</u>
al / co / <u>hol</u>

Los acentos escritos
In Spanish written accent marks are used in words that do not naturally obey **Rules 1** and **2**. Listen and repeat the pronunciation of the following words, noting how a written accent mark signals which syllable needs to be accentuated when the word does not follow the most common stress pattern.

<u>fá</u> / cil	**Bra / sil**
tam / <u>bién</u>	**<u>co</u> / men**
di / <u>fí</u> / cil	**al / gua / <u>cil</u>**
<u>dó</u> / lar	**do / <u>lor</u>**
Pe / <u>rú</u>	**<u>pe</u> / ro**

Written accents are also utilized to break a weak-strong vowel combination into two syllables.

dí / a   **dia** / rio
tí / a   **tia** / ra

Finally, written accents are used to distinguish between two words that are spelled the same. Listen to and repeat the following words, observing how the written accent does not change the pronunciation.

tú   *you*   **tu**   *your*
él   *he*   **el**   *the*
qué   *what*   **que**   *that, which, who*

☆ ACTIVIDAD PRÁCTICA

Listen to the following words and write the stress mark when necessary.

1. a. numero   b. numero

2. a. Mexico   b. mexicano

3. a. hablara   b. hablara

4. a. tragedia   b. tragico

5. a. papa   b. papa

6. a. dolar   b. dolor

7. a. frances   b. francesa

8. a. fabuloso   b. fabula

9. a. nacion   b. naciones

10. a. pais   b. paisaje

¡A grabar!

Listen to the following paragraph, then record yourself reading it out loud, paying special attention to the stressed syllable in each word.

Mi amiga se graduó el año pasado y se mudó a Los Ángeles. Me gradúo en mayo y voy a tomar mis últimas clases el próximo semestre. Así que ya empecé a pensar en mi futuro después de la graduación. Como estudio politología, me gustaría mudarme a la capital de los Estados Unidos —el centro político del país— para iniciar mi carrera allí. Sé que va a ser muy difícil porque hay mucha competencia entre los politólogos. Ojalá

(Continues)

que mi buena amiga María me pueda ayudar. Trabaja en la embajada de México y quizás pueda darme alguna información útil. Creo que aún tiene el mismo número de teléfono. La voy a llamar después de mis lecciones. ¡Deséenme suerte!

⊡ Cultura   Los compadres

Escucha el texto y completa la actividad que sigue. Vas a escuchar el texto dos veces.

Un bautizo con los padrinos
©Digital Vision/Getty Images RF

Vocabulario útil

parentesco	*relationship*
lazos	*ties*
fomentar	*to encourage (something) to grow*

¿Entendiste?   Completa el resumen del texto que acabas de oír con la información necesaria.

La tradición de los padrinos y _____¹ es muy antigua en el mundo hispano. Los padrinos, los ahijados y los padres establecen una relación muy especial después del _____.² En _____³ esta relación es muy cercana.

Aunque el origen de esta _____[4] es religioso, existen otras razones para fomentar esta relación. La dimensión social de la relación entre _____[5] permite la organización de sistemas sociales y políticos a través de lazos de _____.[6]

⊡ Circunlocución: Cuando no conocemos la palabra exacta

Empareja cada una de las tres definiciones que vas a escuchar con el dibujo y palabra correspondientes. Vas a escuchar cada definición dos veces. Luego escribe tu propia definición de la última palabra.

Todos los objetos de esta sección los puedes encontrar en el hogar.

A. el cojín   **B. el marco**   **C. la maceta**   **D. el perchero**

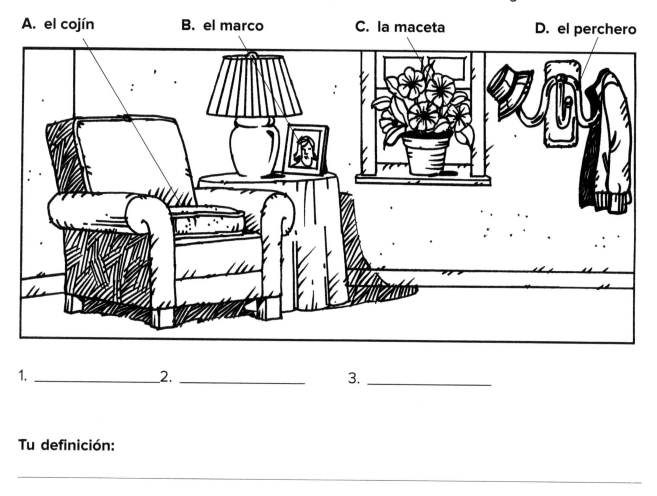

1. _____ 2. _____   3. _____

Tu definición:

_____

_____

Con el sudor de tu frente...

4

Práctica escrita

Palabras

* **ACTIVIDAD 1**   **Oficios y profesiones**

PASO 1   Escribe el oficio que asocias con los siguientes dibujos.

1.  _____

2. 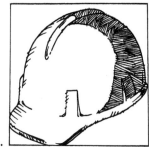 _____

3.  _____

4. _____

5. _____

6. _____

7. _____

8. _____

PASO 2 ¿Qué profesión u oficio tienen las personas que hacen los siguientes trabajos?

1. Vende los productos de la compañía que representa. _____

2. Trabaja en cuestiones legales. _____

3. Enseña en un colegio. _____

4. Maneja aviones. _____

5. Atiende a los pasajeros de un avión durante el vuelo. _____

6. Ayuda a los inmigrantes o niños en situaciones familiares difíciles. _____

7. Trabaja en un lugar de donde se sacan libros prestados. _____

8. Construye puentes, carreteras o aparatos, según su especialidad. _____

9. Diseña planos para edificios. _____

10. Diseña y trabaja con programas de computadoras. _____

* **ACTIVIDAD 2   Definiciones del mundo del trabajo** Indica la palabra o frase que corresponde a cada definición.

1. Una carta en la que alguien habla de los méritos profesionales de otra persona es (una carta de interés / una carta de recomendación).

2. La educación que una persona recibe o las prácticas que hace para prepararse para un oficio o profesión es (el conocimiento / la formación).

3. Un documento en el que escribimos en orden cronológico nuestra experiencia laboral y nuestra educación es (la solicitud / el currículum vitae).

4. Una sección del periódico destinada a las personas que buscan trabajo o quieren comprar algo es/son (el curso de perfeccionamiento / los anuncios clasificados).

5. El documento que determina tu sueldo y tus beneficios es (el contrato / el ascenso).

6. El acto de decirle a un empleado que no puede trabajar más en una empresa es (una huelga / un despido).

7. Una persona que es copropietaria de un negocio es (un sindicato / un socio).

8. El nombre escrito a mano de una persona al final de un documento es (la firma / la meta).

(Continues)

9. El descanso pagado que una mujer recibe después de dar a luz un hijo es (el seguro médico / la licencia por maternidad).

10. Una forma de empleo que ocupa menos de 40 horas por semana es el trabajo a tiempo (parcial / completo).

* **ACTIVIDAD 3**   **Palabras diferentes**   Señala la palabra que no pertenece al grupo.

1. ascender	meta	aumentar
2. licencia por paternidad	seguro de vida	mercado
3. desempleo	sindicato	despido
4. socio	firma	contrato
5. manifestación	huelga	horario
6. puesto	éxito	fracaso
7. gerente	empleador	empresa
8. práctica laboral	jubilarse	período de aprendizaje
9. contratar	ganar	emplear
10. renunciar	despedir	firmar
11. gerente	mercado	empleador

Estructuras

10. El se accidental

* **ACTIVIDAD 1**   **Un mal día en la casa de los López**   Completa las oraciones usando la construcción de **se accidental** con uno de los verbos de la lista en el pretérito.

Ejemplo: A los López _se les acabó_ el jugo de naranja.

acabar   caer   olvidar   quedar   quemar

A la madre ____ ____ _____¹ poner el reloj despertador la noche anterior.

A su hija ____ ____ _____² los huevos del desayuno. A los niños ____ ____

_____³ la leche en la ropa. Al esposo ____ ____ _____⁴ las gafas en la

oficina. No pudieron manejar el carro porque ____ ____ _____⁵ la gasolina.

* **ACTIVIDAD 2** **¿Qué pasó?** Completa las oraciones usando la construcción de **se accidental** con uno de los verbos de la lista en el pretérito. Incluye el objeto indirecto si **es** posible.

Ejemplo: El niño lloró mucho porque *se le rompió* el juguete.

acabar   perder   quemar   romper   terminar

1. La oficina está cerrada porque _____ las llaves al portero.

2. Los empleados regresaron a trabajar porque _____ el tiempo para almorzar.

3. No puedo leer nada porque _____ las gafas.

4. No firmamos los contratos porque _____ en el fuego.

5. Rolando no pudo imprimir el informe porque _____ la tinta a la impresora.

* **ACTIVIDAD 3** **Un día desastroso** Completa la descripción de cada situación usando la construcción de **se accidental.**

Ejemplo: La secretaria no pudo terminar de hacer las fotocopias porque *se le acabó* (acabar) el papel.

1. Yo no puedo leer los documentos en mi mesa porque _____ (romper) las gafas.

2. Los documentos en la mesa del Sr. Quintano están sucios porque _____ (caer) una taza de café.

3. Los trabajadores del servicio de catering se tropezaron (*bumped into each other*) y _____ (caer) los platos.

4. Tú no puedes leer tu correo electrónico porque _____ (olvidar) la contraseña (*password*) nueva.

5. Tino y Selma, del Departamento de Recursos Humanos, no pueden llamar al nuevo empleado porque _____ (perder) el contrato.

11. El presente perfecto de indicativo

[*] ACTIVIDAD 1   **Formas del participio pasado**   Escribe el participio pasado de los siguientes verbos.

Ejemplo: abrir *abierto*

1. cubrir _____

2. decir _____

3. proponer _____

4. romper _____

5. volver _____

6. hacer _____

7. ir _____

8. morir _____

9. resolver _____

10. ver _____

11. responder _____

12. ser _____

[*] ACTIVIDAD 2   **Situaciones en el empleo**   Completa las oraciones con la forma correcta del presente perfecto de uno de los verbos de la lista.

autorizar	cubrir	firmar	poder
cambiar	escribir	pedir	recibir

1. Los empleados _____ un aumento de sueldo.

2. El jefe no _____ la licencia por enfermedad.

3. ¿Tú _____ el nuevo contrato?

4. El horario _____ para los empleados nuevos.

5. Muchos miembros del sindicato no _____ asistir a las últimas reuniones.

6. Nosotros le _____ una carta al gerente de la empresa.

7. Todo el mundo _____ el nuevo convenio (*contract*) colectivo.

8. El plan de salud me _____ los gastos dentales.

[*] ACTIVIDAD 3   **Un buen empleado**   Completa el párrafo con la forma correcta del presente perfecto de uno de los verbos de la lista.

decidir	escribir	hacer	llegar	tener	trabajar	ver

Durante el período en que (yo) _____[1] en esta compañía, _____[2] la oportunidad de conocer a Omar Rodríguez. El Sr. Rodríguez nunca _____[3] tarde a la oficina y siempre _____[4] su trabajo de manera eficiente. Los compañeros y yo _____⁵ en él a una persona muy especial. El jefe ya

_____⁶ que Omar Rodríguez debe recibir el reconocimiento de «Empleado

del año». Todos nosotros _____⁷ nuestras ideas para el mensaje que vamos

a leer en la próxima reunión.

12. El pluscuamperfecto de indicativo

* **ACTIVIDAD 1** **El nuevo siglo (century)** Completa las siguientes ideas sobre lo
que ya había ocurrido cuando comenzó este siglo.

Ejemplo: Para el año 2000, el hombre ya _había estado_ (estar) en la Luna.

1. Muchos oficios artesanales _____ (desaparecer) en las ciudades.

2. La tecnología _____ (hacer) la comunicación mucho más rápida.

3. Los Estados Unidos _____ (ver) a su población de origen hispano
   llegar a 40 millones.

4. Todos (nosotros) _____ (descubrir) las ventajas del Internet.

5. Los teléfonos celulares _____ (convertirse) en algo muy normal.

* **ACTIVIDAD 2** **¿Pretérito o pluscuamperfecto?** Elige la forma más apropiada para
cada una de las oraciones.

1. José (estudió / había estudiado) la historia de los sindicatos en 2010, por eso
   cuando llegó a la Universidad de Wisconsin en 2015, ya (leyó / había leído) muchos
   libros sobre el tema.

2. María ya (completó / había completado) los cursos introductorios cuando la
   (aceptaron / habían aceptado) en el programa de estudios avanzados de química.

3. Elidio (solicitó / había solicitado) el puesto después de hacer una intensa búsqueda
   en el Internet sobre la empresa.

4. A Liz le (dieron / habían dado) el empleo después de la entrevista.

5. Para el momento en que la carta (llegó / había llegado) ya (recibí / había recibido) la
   respuesta por correo electrónico.

(Continues)

6. En Latinoamérica, la tasa (*rate*) de empleo informal (creció / había crecido) 3,9 por ciento de 1990 a 1998.

7. Los beneficios laborales (mejoraron / habían mejorado) más en España que en Latinoamérica en los últimos diez años.

8. El contrato no (ofreció / había ofrecido) protección en el área de trabajo como (pidieron / habían pedido) los trabajadores.

9. Cuando (hablé / había hablado) con Roberto, todavía no (empezó / había empezado) a trabajar en la empresa de su familia.

[*] ACTIVIDAD 3 **El nuevo reto de Pablo** Completa el párrafo con la forma correcta del pretérito o del pluscuamperfecto de los verbos que están entre paréntesis.

Cuando Pablo _____[1] (recibir) la carta de oferta de empleo, ya _____[2] (renunciar) a la empresa de su tía. Su tía _____[3] (sorprenderse) porque jamás _____[4] (pensar) que Pablo quisiera dejar la compañía. Pablo le _____[5] (decir) que él _____[6] (tener) una experiencia muy positiva en su empresa. Le _____[7] (agradecer) la oportunidad que le _____[8] (dar) para desarrollarse en su carrera. Pero le _____[9] (explicar) que ya _____[10] (tomar) la decisión de enfrentar un nuevo reto profesional.

[*] AUTOPRUEBA **¿Pretérito, presente perfecto o pluscuamperfecto?** Completa el párrafo con la forma correcta del pretérito, el presente perfecto o el pluscuamperfecto de los verbos que están entre paréntesis.

En su libro *Memorias de Bernardo Vega: contribución a la historia de la comunidad puertorriqueña en Nueva York,* Bernardo Vega _____[1] (dejar) un testimonio para la historia. Vega _____[2] (dedicarse) al oficio de tabaquero durante toda su vida. _____[3] (nacer) en 1885 en Cayey, un pueblo en el interior de Puerto Rico. A principios del siglo XIX, _____[4] (emigrar) a los Estados Unidos, en donde _____[5] (destacarse) como líder en el barrio latino de Nueva York. Cuando Vega _____[6] (llegar) a Nueva York ya _____[7] (experimentar) las difíciles condiciones de trabajo de los tabaqueros en Puerto Rico. En Nueva York, _____[8] (combinar) su trabajo en diferentes talleres de tabaco, con su activa participación en sindicatos y partidos políticos de izquierda. Vega _____[9] (luchar) durante años por los derechos de los trabajadores en Nueva York antes de ocupar importantes puestos en la política de Puerto Rico. Durante toda su vida, Vega _____[10] (desarrollar) una intensa actividad intelectual

y _____[11] (participar) escribiendo interesantes artículos en periódicos

relevantes de su época. Cuando su libro _____[12] (aparecer) en 1977, Vega

ya _____[13] (morir). En ese momento ya era evidente que el trabajo de Vega

_____[14] (contribuir) a formar la memoria y la herencia cultural de los

puertorriqueños neoyorquinos.

¿Cuándo se dice?   Maneras de expresar *because (of)*

porque	*because* (used to link two parts of a sentence, responding to the question **¿por qué?**)	Renuncié al puesto anterior **porque** el horario y los beneficios eran terribles.
como	*since, as, because* (generally used at the beginning of a sentence)	**Como** no me gustaba lo que hacía, empecé a hacer cursillos de capacitación en otra área.
a causa de	*because of* (generally used at the beginning of a sentence and followed by a noun or infinitive verb)	**A causa de** la promoción, me han subido el sueldo. **A causa de** entregar la tarea tarde, recibí una mala calificación.

* **PRÁCTICA**   Completa la narración de las viñetas incorporando **porque, como** o **a causa de,** según sea necesario.

Mario no escuchó su despertador cuando sonó _____[1] estaba

profundamente dormido. _____[2] se levantó una hora tarde, llegó tarde al

trabajo otra vez. _____[3] esta nueva tardanza (*tardiness*), su jefa lo despidió.

MÁS personal

ACTIVIDAD 1   Tu trabajo ideal   Describe tu trabajo ideal, incluyendo el sueldo, el horario y los beneficios que tendrías. Además, explica qué título académico y preparación son necesarios para conseguir ese trabajo. Usa todo el vocabulario que puedas de la sección **Palabras.**

_____

_____

_____

_____

ACTIVIDAD 2   ¡Uy!   Escribe acerca de tres accidentes que te hayan ocurrido recientemente. Cuéntalos con un poco de detalle, explicando una consecuencia de cada uno.

Ejemplo: *La semana pasada se me perdió la identificación de la universidad y tuve*

que pagar 25 dólares para obtener una nueva.

1. _____

   _____

2. _____

   _____

3. _____

   _____

ACTIVIDAD 3   Tu pasado laboral   Contesta las siguientes preguntas personales.

1. ¿Has tenido un trabajo en la universidad alguna vez? ¿Qué hacías?

   _____

   _____

2. ¿Has escrito un currículum ya? ¿Por qué sí o por qué no?

   _____

   _____

3. ¿Qué trabajos habías tenido antes de empezar tus estudios en la universidad?

   _____

   _____

Práctica auditiva

Pronunciación y ortografía

Los diptongos y los vínculos entre palabras

In this section we will discuss diphthongs and linking between words. We suggest reviewing Spanish vowels and syllabification rules before advancing with the material in this chapter.

Los diptongos

A diphthong is a sound made by combining two vowels within the same syllable, where it begins with one sound and then moves into another vowel sound. Listen and repeat the following English words that have diphthongs.

loud au
oil oi

In English, a single written vowel can be pronounced as a diphthong.

no ou
ate ei

In Spanish, a single written vowel will always be pronounced as one sound from beginning to end. In order to form a diphthong, two vowels will be used, each vowel representing one sound. Listen and repeat the following words, noting the difference in pronunciation between a single vowel and a two vowel combination, a diphthong, in Spanish.

tela e
tierra ie
pan a
piano ia

The diphthongs in Spanish are formed in three ways. The first way is by combining the two weak vowels (**i** or **u**) in the same syllable.

fui ui
viuda iu

The second way is by combining the weak vowels (**i** or **u**) with the three strong vowels (**a**, **e**, or **o**), with the weak vowels appearing before the strong vowels.

viento ie
agua ua

(Continues)

The third way is to combine the weak and the strong vowels, with the weak vowel following the strong.

baile   ai
euro   eu

In total, there are 14 diphthongs in Spanish.

ie, ia, iu, io, ui, ue, ua, uo, ei, ai, oi, eu, au, ou

Los vínculos entre palabras

In Spanish, words in phrases and sentences are usually not pronounced in isolation, but instead, are linked together, forming closely connected chains of syllables. That is why, at times, Spanish can sound fast. Becoming more familiar with the ways words are linked together can be helpful for improving comprehension and pronunciation.

For example, if the last letter of one word is the same as the first letter of the next word, they will be pronounced as one single sound.

habla / Antonio   ha - blaAn - to - nio → ha - blan - to - nio
tus / sobrinos   tu - sso - bri - nos → tu - so - bri - nos

If a word ends in a consonant and is followed by a word that begins with a vowel, the consonant will link with the vowel and form a new syllable with it, regardless of where the words begin and end.

es / otro   e - so - tro
en / abril   e - na - bril

If a word ends in a vowel and the following word also starts with a vowel, the two vowels will be combined to form a diphthong, provided that both of the vowels are weak or one vowel is weak and the other one is strong. Listen and repeat the following examples.

chica / inteligente   chi - cain - te - li - gen - te
su / obra   suo - bra
tribu / indígena   tri - buin - dí - ge - na

Two strong vowels can also be linked if one or both of those vowels is either **e** or **o** and if both of the vowels are not carrying the word stress. This type of vowel combination is called synalepha. Listen and repeat the following words observing this type of linking.

tengo / enemigos   ten - goe - ne - mi - gos
este / amigo   es - tea - mi - go
pida / otro   pi - dao - tro

[*] ACTIVIDAD PRÁCTICA

For each number, you will hear a pair of phrases. Listen carefully and then decide if the phrase you see matches choice A or choice B.

		A	B
1.	el ajo	☐	☐
2.	Miami	☐	☐
3.	una abeja	☐	☐
4.	la usa	☐	☐
5.	te inspiro	☐	☐
6.	tiene afecto	☐	☐
7.	triste humor	☐	☐
8.	da información	☐	☐
9.	mal hombre	☐	☐
10.	tiene ego	☐	☐

¡A grabar!

Listen to the following paragraph, then record yourself reading it out loud, carefully pronouncing the diphthongs and linked words in the sentences.

Mi mejor amigo se llama Eugenio. Vive en Colombia y trabaja en un pequeño hospital. ¡Es un hombre realmente bueno! Siempre está sonriendo, anda hablando con todo el mundo, presta ayuda a cualquier persona y su humor es increíble. Su novia Ángela es de San Juan, Puerto Rico. Se conocieron durante un viaje a Europa en el aeropuerto de Viena. Fue amor a primera vista y a partir de ese momento los dos siempre están juntos. Ángela se mudó a Bogotá y ahora estudia poesía en la Universidad Nacional. Dice que le encanta nuestro ambiente y le inspira a escribir obras amorosas. Los dos planean casarse en agosto y después pasar la luna de miel en el Mediterráneo disfrutando la tranquilidad y cultura de la región.

Escucha el texto y contesta las preguntas que siguen. Vas a escuchar el texto dos veces.

Inmigrantes enfrente de las oficinas del Centro de Inmigrantes,
en Melilla, España

©Marco Di Lauro/Stringer/Getty Images

Vocabulario útil

extranjero	*foreigner*
el crisol	*melting pot*
el índice de natalidad	*birth rate*
el porcentaje	*percentage*
vertiginoso	*very fast*

¿Entendiste?   Completa el resumen del texto que acabas de oír con la información necesaria. Escribe los números con letras.

En 1996, España solo tenía _____¹ millones de habitantes. Para 2016, la población había subido a _____² millones y medio, de los cuales _____³ millones eran extranjeros; es decir, casi el _____⁴ % de la población.

España necesita inmigrantes porque su población tiene un bajo índice de _____⁵ y una larga esperanza de _____.⁶ Los inmigrantes vienen mayoritariamente de Latinoamérica, _____⁷ y Europa del _____.⁸ Ocupan trabajos en la _____,⁹ la construcción y también en el área de _____.¹⁰ Es una pena que debido a la crisis económica, algunos emigrantes deban regresar a su país de _____.¹¹

⟨*⟩ Circunlocución: Cuando no conocemos la palabra exacta

Empareja cada una de las tres definiciones que vas a escuchar con el dibujo y palabra correspondientes. Vas a escuchar cada definición dos veces. Luego escribe tu propia definición de la última palabra.

Estas palabras tienen que ver con la cirugía, la parte de la medicina relacionada con las operaciones.

A. el bisturí   **B. la aguja**   **C. la cirujana**   **D. el hilo**

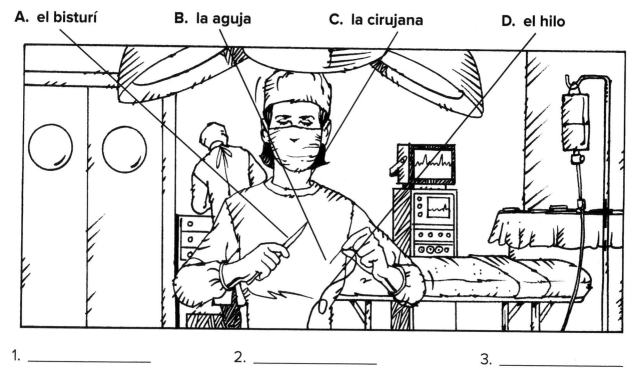

1. _____   2. _____   3. _____

Tu definición:

_____

_____

El mundo al alcance de un clic

5

Práctica escrita

Palabras

* ACTIVIDAD 1   Los medios de comunicación Selecciona la palabra que *menos* se asocia con los siguientes medios de comunicación.

1. Televisión

   a. canal

   b. noticia

   c. artículo

2. Periódico

   a. aparato

   b. prensa

   c. reportaje

3. Radio

   a. locutora

   b. revista

   c. emisora

4. Facebook

   a. contraseña

   b. ciberacoso

   c. libro electrónico

5. Celular

   a. botón

   b. ratón

   c. mensaje

6. Computadora

   a. revista

   b. ebook

   c. videojuego

A	B
_____ 1. la ventaja	a. la página web
_____ 2. bajar	b. la comunicación personal
_____ 3. la soledad	c. subir
_____ 4. cara a cara	d. almacenar
_____ 5. guardar	e. descargar
_____ 6. la red	f. el beneficio
_____ 7. la pantalla	g. el aislamiento
_____ 8. la tecla	h. pulsar
_____ 9. la nube	i. ver

* **ACTIVIDAD 3**   **Viva la tecnología**   Completa cada párrafo con las palabra de la lista. Conjuga los verbos cuando sea necesario.

búsqueda	exigente	Internet	programa
enlace	funcionar	página web	

La semana pasada hice una _____[1] de información sobre cómo crear una

_____,[2] pero no tuve éxito. Afortunadamente, ayer mi amigo Juan me envió

un _____[3] al sitio web de un buen _____[4] para hacerlo. Después

de pasar horas en la computadora construyendo mi propia página, entiendo mucho

mejor cómo _____[5] la _____.[6] También, me di cuenta de que la

programación es un oficio muy difícil y _____.[7]

aislamiento	enterarse	imprimir	mensajes
celular	impresora	mandar	

Viviendo en el extranjero, puede ser muy fácil sentir el _____[8] de los

amigos y familiares. Por eso, mis amigos y yo nos mandamos muchos

_____[9] de Whatsapp. Mi familia y yo nos llamamos con frecuencia, ya que

(*since*) ahora es muy fácil y barato con el _____.[10] Además, con mi nueva

_____[11] a color puedo _____[12] las fotos que mis amigos de San

Salvador me _____[13] y ponerlas en mi cuarto a menudo. En fin, sé que estoy al día de lo que hacen mis amigos y familia porque _____[14] de lo que pasa en sus vidas inmediatamente.

Estructuras

13. El presente de subjuntivo: Introducción y contexto de influencia

* **ACTIVIDAD 1** **Verbos en el presente de subjuntivo** Completa el siguiente cuadro de verbos en el presente de subjuntivo.

	yo	tú	él/ella/Ud.	nosotros	vosotros	ellos/ellas/Uds.
amar						
			beba			
		abras				
ir						
				sepamos		
	sea					
						vengan
poner						
	diga				digáis	

* **ACTIVIDAD 2** **¿Se siente seguro/a?** Escoge la forma verbal más apropiada, de acuerdo con el sentido de la oración.

En tiempos recientes, los consumidores (se sientan / se sienten)[1] más cómodos haciendo sus compras por la Internet. Sin embargo, hay un factor que a mucha gente le (cree / crea)[2] inseguridad: (dar / dé)[3] información personal a una computadora. Muchas veces las páginas web le (pidan / piden)[4] al cliente su dirección, teléfono y número de tarjeta de crédito. Aunque las compañías (intentan / intenten)[5] que el sistema (sea / es)[6] seguro, muchos clientes no (piensen / piensan)[7] que (sea / es)[8] así. Las estadísticas (muestren / muestran)[9] que los clientes (quieran / quieren)[10] más seguridad. Los crímenes cibernéticos (permitan / permiten)[11] que otra persona (haga / hace)[12] transacciones con

(Continues)

cualquier compañía si (tenga / tiene)[13] el número de tarjeta de crédito. Estas situaciones (requieran / requieren)[14] que la Red (proteja / protege)[15] la privacidad de los clientes. Yo (crea / creo)[16] que la Red (tenga / tiene)[17] muchas ventajas, pero no estoy seguro de que (pueda / puede)[18] cumplir totalmente con el derecho a la privacidad de los clientes.

[*] **ACTIVIDAD 3** **Opiniones sobre la Internet** Completa las oraciones con la forma correcta del verbo que está entre paréntesis en el presente de indicativo o de subjuntivo, o dejándolo en el infinitivo, según el contexto.

1. Los datos más recientes dicen que los consumidores _____ (comprar) más por la Internet.

2. Esperamos que la publicidad _____ (costar) menos a través de la Red.

3. Es evidente que el uso de las computadoras en Latinoamérica no _____ (ser) tan alto como en los Estados Unidos.

4. Yo creo que las agencias de publicidad _____ (deber) usar más la Red para anunciarse (*advertise*).

5. Los clientes desean _____ (recibir) mejor servicio a través de la Red.

6. Mi hermano me sugiere que _____ (hacer) las reservas de vuelos por la Internet.

7. Yo no creo que mi madre _____ (ir) a comprar su casa por la Red.

8. Un programa de la Internet hace posible que yo _____ (saber) el número de visitantes que hacen clic en mi página personal.

9. Sabemos que la Internet _____ (comunicar) a millones de personas de todo el mundo.

10. Muchos padres prohíben que sus hijos _____ (utilizar) la Red sin supervisión.

14. Los mandatos formales e informales

* ACTIVIDAD 1 **Mandatos** Completa el siguiente cuadro de verbos en el imperativo.

	tú	Ud.
tocar	toca no toques	
conocer		conozca no conozca
divertirse		
decir		
hacer		
tener		
ser		
irse		
ponerse		
llegar		

* ACTIVIDAD 2 **Consejos para evitar el robo de identidad** Completa las siguientes oraciones con un mandato **formal.**

Ejemplo: No ___preste___ (prestar) atención a todos los anuncios.

1. No _____ (dar) información de su banco a otras compañías.

2. _____ (Investigar) la historia de la compañía que contrata.

3. _____ (Mantener) la tarjeta del seguro social en un lugar seguro.

4. No _____ (usar) la fecha de nacimiento en el número secreto de la tarjeta de crédito.

ACTIVIDAD 3   Anuncios y consejos   Completa los siguientes anuncios y consejos con mandatos informales. Cuando sea necesario, cambia el pronombre reflexivo a la forma apropiada para la segunda persona singular (**tú**).

1. _____ (imprimir) tus ensayos en cualquiera de las impresoras de la red de la universidad desde tu portátil o tu celular.

2. No _____ (gastar) dinero en una línea de teléfono fijo.

3. _____ (subscribirse) al servicio de noticias APG y _____ (enterarse) de lo último que ha pasado en el mundo.

4. _____ (mantenerse) en contacto con tus amigos todo el tiempo sin pagar.

AUTOPRUEBA   Un problema con la computadora   Completa el siguiente diálogo con la forma correcta del presente de indicativo o subjuntivo, el imperativo informal o el infinitivo de los verbos entre paréntesis. **¡OJO!** En los mandatos, presta atención al orden de los pronombres con respecto al verbo y los acentos escritos.

ROCÍO: La computadora no funciona. Es urgente que yo la _____[1] (arreglar) porque tengo mucho trabajo.

MIGUEL: _____[2] (dejarme) ver qué puedo _____[3] (hacer).

ROCÍO: Pienso que _____[4] (haber) un problema con el circuito eléctrico.

MIGUEL: _____[5] (encenderla) de nuevo.

ROCÍO: Nada. Todavía no funciona.

MIGUEL: Creo que _____[6] (deber: nosotros) buscar información en Internet. _____[7] (Buscarla) en el celular.

ROCÍO: El mío se me quedó sin batería, así que necesito que me _____[8] (prestar) el tuyo.

MIGUEL: ¡No _____[9] (decirme) que estás sin batería otra vez! _____[10] (tú: Tomar) el mío.

ROCÍO: ¡ _____[11] (Tú: Mirar)! Acabas de recibir un mensaje de la compañía de electricidad diciendo que se han roto varios cables. ¡Es que no hay electricidad! ¡Qué tontos estamos!

¿Cuándo se dice? Cómo se expresa to *think**

pensar que	to believe/think that	**Pienso que** todo el mundo tiene alguna inseguridad con su imagen.
pensar en	to think about someone or something	—¿**En** qué están **pensando**? —Estoy **pensando en** mi hija, que ahora mismo está viajando a Chile. —Yo estoy **pensando en** que tengo tanto trabajo que no sé cómo voy a terminarlo.
pensar de/ sobre	to have an opinion (about something/someone); to think something (of something/ someone)	—¿Qué **piensas del** uso de la tecnología por los niños? —Lo que **pienso sobre** ese tema es que los padres deben limitar el tiempo que los niños pasan usando la computadora, por ejemplo.

*Sinónimos de **pensar:**

- **planear**
  En enero pienso/planeo hacer un viaje al sur de Chile.

  In January, I am planning to take (thinking about taking) a trip to the south of Chile.

- **creer**
  Pienso/Creo que esto no está bien.

  I think/believe that this is not right.

☀ PRÁCTICA   Escribe la palabra apropiada para completar los siguientes diálogos. Si no se necesita ninguna, escribe **Ø.**

1. —¿Qué piensa Mar _____ la situación?

   —No sé, no he hablado con ella todavía. Pienso _____ llamarla esta noche.

2. —Estamos pensando _____ nuestras vacaciones en julio. ¿Adónde nos recomienda hacer un viaje?

   —Yo pienso _____ Alaska es un lugar maravilloso en ese mes.

3. —¿Piensas que es necesario hablar con el jefe?

   —Creo _____ no. Pienso _____ es mejor esperar.

4. —¿Sabes _____ qué estaba pensando? _____ que hace mucho tiempo que no vemos a Sonia.

   —¡Qué casualidad! Yo estaba pensando _____ ella justo esta mañana.

MÁS personal

ACTIVIDAD 1   La tecnología como medio de relacionarse   Este anuncio, tomado de un periódico español, ofrece una sección para jóvenes que desean ponerse en contacto con personas a quienes conocen de vista (*by sight*), pero no personalmente. Estudia el anuncio y luego contesta las siguientes preguntas.

Te vi el viernes en el metro. Llevabas un traje gris, corbata de seda y un maletín de cuero fino. Quiero que me presentes a tu sastre *(tailor)*...

¿Perdiste tu oportunidad? No sufras más. www.conexiones.es

©Javier Pierini/Getty Images RF

1. ¿Te parece una buena idea? ¿La usarías?

_____

_____

_____

2. ¿Hay medios tecnológicos que permitan establecer este tipo de relaciones personales?

_____

_____

_____

3. ¿Qué tipos de tecnología usas o has usado alguna vez en tus relaciones personales? ¿Estás contento/a con lo que logras o has logrado por medio de esas tecnologías?

_____

_____

_____

ACTIVIDAD 2   La tecnología   Completa las siguientes oraciones con tus ideas sobre la tecnología.

1. Yo pienso que _____.

2. Le(s) sugiero a mi(s) _____ que _____.

3. No creo que _____.

4. Las computadoras permiten (que) _____.

5. En mi opinión, es muy importante (que) _____.

ACTIVIDAD 3   En tu opinión   Haz recomendaciones en respuesta a las siguientes preguntas usando un mandato formal y los pronombres de objeto para evitar repeticiones innecesarias.

Ejemplo: —¿Debo dar información de mi banco a otras compañías?

   —*No, no se la dé a ninguna compañía.*

1. —¿Es necesario memorizar el número de la cuenta de banco?

   —_____

2. —¿Puedo aceptar ofertas por teléfono si son de compañías conocidas?

   —_____

3. —¿Tengo que mostrar en los cheques el número de la licencia de conducir?

   —_____

4. —¿Debo decirle la contraseña a alguien?

   —_____

ACTIVIDAD 4   Tus mandatos   Escribe un mandato que te gustaría usar con cada una de las siguientes personas.

1. Tus padres: _____

2. Tu profesor(a) de _____: _____

3. Tu hermano/a: _____

4. Tu mejor amigo/a: _____

Práctica auditiva

Pronunciación y ortografía

La *h*

In Spanish orthography, one written letter usually represents one sound, whereas in English, a single written letter can have different realizations. This phenomenon makes spelling in Spanish relatively transparent, where a speaker is often able to pronounce a Spanish word correctly without necessarily knowing what it means. Compare the spelling and pronunciation of the following Spanish and English words.

arcaísmo   archaism
luz   light

Nonetheless, there are instances in Spanish orthography where a written letter is not directly pronounced in the same manner as it is written. In this section we will be talking about the silent **h**. As the name suggests, the written letter **h** in Spanish will nearly always be silent and although it appears in the spelling of a word, it is usually never pronounced. Listen and repeat the following words, ensuring that the **h** stays silent.

honor   **Habana**   **Honduras**   **hermana**

When **h** appears between two vowels, it also stays silent and the two vowels that appear before and after **h** are linked, following the rules of re-syllabification. Listen to and repeat the following words, linking the vowels that are orthographically separated by the **h**.

alcohol	**al - cool → al - col**
prohibir	**proi - bir**
el horario	**e - lo - ra - rio**
mi hijo	**mii - jo → mi - jo**

There are a few instances where the written **h** is pronounced in Spanish. This realization is reserved for borrowed words from other languages. In such cases, the **h** will be pronounced as the Spanish **j** (*jota*), which sounds similar to the English *h* in the word *hat*. Listen and repeat the following examples with **j**.

jabón
joven

Now compare the **j** pronunciation to the production of **h** in borrowed words, where **h** resembles the pronunciation of **j**.

hámster
hit
hobby
hockey
Hong Kong
Hawái

In Spanish we can also find borrowed words that are written with **j** instead of **h** or that can be written with either **j** or **h**. In both instances, the letters **j** and **h** are pronounced as the English *h* in the word *hat*. Listen and repeat the following words comparing the English spelling and pronunciation to the Spanish orthography and production.

Hanukkah	**Janucá**
hippie	**jipi** or **hippie**

Another group of borrowed words in Spanish that is spelled with **j** instead of **h** is usually reserved for proper nouns that in English tend to be spelled with the consonant cluster *kh*. Listen and repeat the following words, comparing the English spelling and pronunciation to the Spanish spelling and production.

Kazakhstan	**Kazajistán**
Khartoum	**Jartum**

Finally, if **h** forms part of a consonant cluster with **c** or **s**, it creates a different sound with these letters. Both of the letter combinations **ch** and **sh** are pronounced like the English counterparts.

LETTERS	ENGLISH	SPANISH
ch	*church*	**chico**
sh	*shower*	**flash***

⬚ ACTIVIDAD PRÁCTICA

Listen to the following words and, based on what you hear, write down the missing **h** and **j** consonants. Some words have both the silent **h** and the **j** sounds, while other words have only one of the two consonants.

1. _i_astro

2. _uelga

3. _o_a

4. _ispano_ablante

5. _omena_e

6. bú_o

7. _e_ová

8. _ec_o

9. _umor

10. _abic_uela

---

*While the cluster **ch** appears in many Spanish words, the cluster sh only appears in words borrowed from other languages - mainly from English.

¡A grabar!

Listen to the following paragraph, then record yourself reading it out loud. Make sure that the written **h** stays silent!

Mi hermano Héctor estudia historia en la universidad. Le interesa mucho el pasado de la humanidad. Habitualmente pasa horas en su habitación memorizando varios hechos y fechas y escribiendo investigaciones exhaustivas sobre hipótesis diferentes. Ha leído sobre diversos países como Honduras, Haití y Hungría. Después, habla con nosotros sobre los héroes históricos —hombres y mujeres honorables— que le han impresionado. Hoy en día a mí también me fascina la historia humana. Me gusta estudiar los hábitos y costumbres de nuestros antepasados para mejor entender mi hermosa herencia. Sin embargo, ahora trabajo en un hospital y como tengo un horario bien ocupado, no puedo dedicar muchas horas a lecturas históricas.

✳ Cultura   La tecnología, la ciudad y el poeta

Escucha el texto y completa la actividad que sigue. Vas a escuchar el texto dos veces.

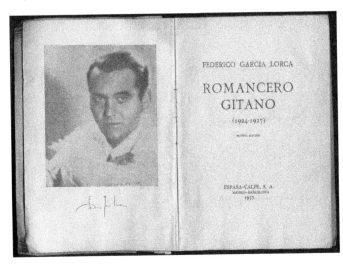

El famoso Romancero gitano *de Federico García Lorca tiene unestilo distinto a sus poemas sobre Nueva York.*
©Rop Zoutberg/Hollandse Hoogte/Redux

Vocabulario útil

soledad   *loneliness*
deshumanizante   *dehumanizing*
fusilado   *executed*

¿Entendiste?   Completa el resumen del texto que acabas de oír con la información necesaria. Federico García Lorca visitó Nueva York en 1929 y quedó muy _____¹ con los adelantos _____² de la ciudad. Pero en sus poemas Lorca expresó también el horror de la civilización _____³ En su libro *Poeta en Nueva York,* la visión opresiva y deshumanizante de la ciudad lleva al poeta a escribir sobre los rascacielos, los vagones de tren, la vida en Harlem y la _____⁴ de las calles. Los libros de Lorca fueron muy famosos en la España de su tiempo a pesar de que cuando los escribió no existían medios de _____⁵ avanzados.

⊡ Circunlocución: Cuando no conocemos la palabra exacta

Empareja cada una de las tres definiciones que vas a escuchar con el dibujo y palabra correspondientes. Vas a escuchar cada definición dos veces. Luego escribe tu propia definición de la última palabra.

Las palabras de esta sección están relacionadas con los automóviles.

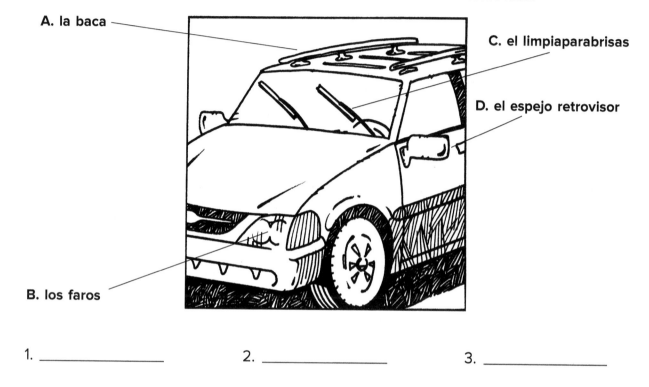

A. la baca

C. el limpiaparabrisas

D. el espejo retrovisor

B. los faros

1. _____   2. _____   3. _____

Tu definición:

_____

_____

La buena vida

Práctica escrita

Palabras

* **ACTIVIDAD 1**   **La palabra diferente**   Señala la palabra que no pertenece al grupo.

Ejemplo: el vaso   (el plato)   la taza

1. la sal   la pimienta   la vela
2. la cuchara   la copa   el cuchillo
3. la feria   la playa   la piscina
4. la copa   la servilleta   el cuenco
5. probar   oler a   saber a
6. el entretenimiento   el pasatiempo   el bienestar
7. el ajedrez   las cartas   el tenedor
8. el carnaval   la hamaca   la discoteca

ACTIVIDAD 2 **Anuncios incompletos**   Los siguientes anuncios describen varios lugares en la ciudad y las diversiones que ofrecen. Completa las oraciones con palabras de la lista.

bar	feria	pasarlo bien	trasnochar
entretenimiento	ocio	paseo	

1. Divertilandia: el mayor centro de _____ de la ciudad.

2. El Centro del Hogar: todo lo necesario para hacer más agradables las horas de _____ en su hogar.

3. Karaoke Central: para _____ con sus amigos que quieran cantar.

4. Aloha: el _____ perfecto para tomar una copa con amigos.

5. Venga a la _____ de San Sebastián: diversiones para toda la familia.

6. Coches de caballos La Estrella: para dar un _____ romántico por las calles de la ciudad.

7. La discoteca La Luna: solo para la gente que puede _____.

ACTIVIDAD 3   **Una tarde en familia**   Completa el siguiente párrafo con las palabras de la lista. Conjuga los verbos en el presente de indicativo.

barbacoa	cucharas	oler	pimienta
charlar	dominó	pasar bien	poner
crucigrama	entretenerse	paseo	quitar

La familia de Samuel está haciendo una _____[1] en el parque esta tarde. La verdad es que Samuel no lo _____,[2] y preferiría estar jugando al _____[3] con sus amigos en este momento. Su papá duerme la siesta y su mamá hace un_____.[4] Nadie _____[5] con el pobre Samuel, así que él decidió _____[6] la mesa. Trajo todas las cosas para la cena, hasta (*even*) las _____,[7] aunque no las necesitan. Solo se le olvidó traer la _____,[8] para la ensalada, pero no es importante. Después de comer Samuel planea _____[9] la mesa y dar un _____[10] por el parque.

Por fin se ha despertado el papá y dice que la comida _____[11] muy bien. La mamá le da las gracias a Samuel por ser tan amable con ellos.

Ahora Samuel se siente bien de pasar el día con sus padres, que no son jóvenes pero _____[12] mucho con él.

Estructuras

15. El subjuntivo en cláusulas nominales: Expresiones de emoción y duda

❋ ACTIVIDAD 1   **Emoción o duda**   Escribe oraciones completas conjugando los verbos de la cláusula principal en el indicativo y los verbos de la cláusula nominal en el subjuntivo. Incorpora la conjunción **que** cuando sea necesario.

Ejemplo: ser mejor / tú cambiar los planes
Es mejor que cambies los planes.

1. ser sorprendente / él bailar salsa tan bien

_____

2. ojalá / a Ud. gustar la playa

_____

3. ser extraño / tú ir al cine con su novia

_____

4. nosotros tener ganas de / Uds. venir a la feria con nosotros

_____

5. ser dudoso / ellos estar diciendo la verdad

_____

6. no estar claro / ser la información adecuada

_____

7. yo agradecer / ella tener comida para todos

_____

8. nosotros alegrarse de / ellos viajar tres veces al año

_____

9. mi hermana estar contenta de / yo poder visitar a mis padres con frecuencia

_____

10. uno asombrarse de / tanta gente venir al concierto

_____

[*] ACTIVIDAD 2 **Una columna sobre los viajeros vegetarianos** Completa el texto con la forma correcta de los verbos que están entre paréntesis en el presente de indicativo, en el subjuntivo o en el infinitivo, según el contexto.

Les agradezco a los lectores de esta sección que _____[1] (preguntar) sobre las opciones para los vegetarianos en Latinoamérica. No creo que la predilección por la comida vegetariana _____[2] (ser) un problema al momento de viajar a estos países. La mayoría de los hoteles _____[3] (servir) menús[a] para satisfacer esta demanda. Es extraño que no _____[4] (Uds.: encontrar) un hotel que ofrezca este servicio. Además, la dieta de la mayoría de los países latinoamericanos _____[5] (consistir) por lo general en granos, frutas y verduras.

Otra alternativa es _____[6] (visitar) los mercados al aire libre. Es mejor que _____[7] (Uds.: comprar) en mercados donde hay mucho público. Pero es necesario que _____[8] (Uds.: usar) agua embotellada para lavar las verduras y las frutas antes de comerlas. Espero que estos consejos los _____[9] (ayudar) a disfrutar más de sus vacaciones. Ojalá que todo _____[10] (ir) bien en su viaje.

16. El se impersonal

☒ ACTIVIDAD 1 **Empleos para pasarlo bien** Cambia la estructura de las siguientes ideas basadas en el anuncio, de manera que incorpores la construcción del **se** impersonal.

Copyright ©2000 by Southwest Airlines Co. Reprinted by permission.

Ejemplo: Southwest Airlines busca empleados.

Se buscan empleados.

1. La línea aérea necesita gente simpática y trabajadora.

_____ gente simpática y trabajadora.

2. Con esta línea aérea pueden hacer carrera.

_____ hacer carrera.

(Continues)

3. Los empleados trabajan en equipo.

_____ en equipo.

4. Los empleados de la compañía les dan buen servicio a los pasajeros.

_____ buen servicio a los pasajeros.

5. Southwest ofrece excelentes beneficios médicos.

_____ excelentes beneficios médicos.

6. Los empleados viajan gratis.

_____ gratis.

7. Los interesados deben enviar el currículum por correo electrónico.

_____ el currículum por correo electrónico.

8. La persona que lo desee puede obtener más información a través de la página web.

_____ obtener más Información a través de la página web.

* ACTIVIDAD 2 **Etiqueta en la mesa** Completa las instrucciones sobre la etiqueta en la mesa.

Ejemplo: *Se ponen* (poner) las manos en la mesa.

1. _____ (poner) la servilleta sobre las piernas.

2. No _____ (comenzar) a comer hasta que comiencen los anfitriones (*hosts*).

3. _____ (cortar) el pan con la mano, nunca con el cuchillo.

4. _____ (colocar) los cubiertos (*silverware*) a ambos lados del plato.

5. _____ (mantener) los codos (*elbows*) fuera de la mesa.

6. _____ (comer) con la boca cerrada.

* AUTOPRUEBA **Calidad de vida a pesar del nivel de vida** Completa el texto con la forma apropiada del presente de subjuntivo, el indicativo o el infinitivo de los verbos que están entre paréntesis.

No hay duda de que nuestra rutina diaria _____[1] (depender) de inventos y productos que hacen nuestra vida cómoda y fácil. Es sorprendente que _____[2] (haber) hoy tantas cosas que apenas existían hace cien años sin las cuales no podemos imaginar la vida: la luz eléctrica, la televisión, el refrigerador, la computadora y otras cosas semejantes.

La calidad de vida se _____³ (poder) definir como el nivel de bienestar y satisfacción de una persona. Pero como se _____⁴ (demostrar) en diversos estudios, la calidad de vida _____⁵ (tener) un carácter muy subjetivo. Como las personas _____⁶ (sentir) necesidades diferentes, no está claro que _____⁷ (existir) una relación entre el nivel de satisfacción y las necesidades básicas. Cada vez más los bienes materiales y los recursos se _____⁸ (asociar) con la felicidad, pero está claro que esta interpretación del bienestar _____⁹ (estar) relacionada con los valores de la sociedad y la cultura. Quizá lo mejor sea evaluar la posibilidad de satisfacer nuestras necesidades con un mínimo de recursos. Es dudoso que los avances científicos _____¹⁰ (dejar) de influenciar nuestra vida, pero es bueno _____¹¹ (saber) que tenemos la capacidad de adaptarnos a cualquier momento difícil de la vida. Ojalá que _____¹² (nosotros: aprender) a vivir con menos. Después de todo, se _____¹³ (decir) que no es más feliz el que tiene más, sino el que necesita menos.

¿Cuándo se dice?   *Por y para*

Usos de *por* y *para*

para	*for / in order to*	
	• time (deadline)	Es la tarea **para** el miércoles.
	• purpose	Estoy a dieta **para** perder 6 kilos.
	• location (destination)	Sale **para** Nueva York en el vuelo 814 de LAN Chile.
	• recipient	Es un regalo **para** tu prima.
	• comparison	**Para** ser Español 101, la tarea es muy difícil.
	• point of view	**Para** mí, esta costumbre es anticuada.
por	• *for, in exchange of*	Le di las gracias **por** su ayuda.
	• *for* (duration of time)	Hicieron ejercicio **por** dos horas.
	• *during* (general part of the day)	Era **por** la mañana.
	• *because of, due to*	El avión no salió **por** la tormenta.
		Eso te pasa **por** ser egoísta.
	• *around, about*	No sé exactamente dónde vive, pero la casa estaba **por** aquí.
	• *through*	Vamos a Chicago pasando **por** Nueva York.
	• *by means of*	Llamé **por** teléfono.
	• *by*	Esa novela fue escrita **por** una colombiana.

Expresiones comunes con *por* y *para*

por		para	
por ahora	*for now*	**para bien o para mal**	*for better or for worse*
por casualidad	*by chance*	**para colmo**	*to top it all off*
por cierto	*by the way*	**para empezar/terminar**	*to begin with / to finish*
por ejemplo	*for example*		
por eso	*that's why*		
por fin	*at last*		
por lo general	*in general*		
por lo menos	*at least*		
por (lo) tanto	*therefore*		
por supuesto	*of course*		
por un lado /	*on the one hand /*		
por otro lado	*on the other hand*		

* PRÁCTICA   Completa los siguientes párrafos con **por** o **para**.

¡ _____[1] fin llegaron los billetes de avión _____[2] las Islas Canarias!
Son _____[3] nuestros padres _____[4] ser unos padres tan buenos.
Mi hermana y yo solo pagamos 400 euros _____[5] los billetes. Me parece
que _____[6] ser un viaje a las Canarias no son caros. _____[7]
cierto, compramos los billetes _____[8] el Internet.

La mayoría de los turistas llega a las Islas Canarias _____[9] avión. Una
vez en la capital, Las Palmas, algunos salen _____[10] la isla de Tenerife en
barco. Allí, se puede pasear _____[11] la bella ciudad de Puerto Rosario. Estoy
seguro de que _____[12] mis padres este va a ser un viaje memorable.

MÁS personal

ACTIVIDAD 1   ¡A pasarlo bien!   Las siguientes personas van a visitar tu ciudad este fin de semana. Aconséjales qué actividades pueden hacer para pasarlo bien.

Ejemplo: Teresa y María. No les gusta el ruido.

Les aconsejo que tomen café en un bar de la Gran Plaza y luego paseen por la Avenida.

1. Los Sres. Guzmán, 65 y 70 años. Les gustan los sitios tranquilos y el arte.

   _____

2. Encarnación y Victoria, ambas de 25 años. Son deportistas y les gusta la aventura.

   _____

3. Raúl y Carlos, 20 y 21 años. Les gustan la música rock y bailar.

   _____

4. Mar y Agustín, 29 y 31 años. Les gustan la buena comida y las actividades culturales. Son amantes del cine.

   _____

5. Diego y Alberto, 8 y 10 años. Les gustan las actividades al aire libre.

   _____

ACTIVIDAD 2   Más deseos Expresa un deseo usando **ojalá** para cada una de las siguientes personas.

1. para tu mejor amigo/a

   _____

2. para tus padres

   _____

3. para un equipo deportivo de tu universidad

   _____

4. para ti mismo

   _____

ACTIVIDAD 3   Ojalá   Lee las siguientes situaciones y escribe tres oraciones con **ojalá** expresando los deseos que tendrías en cada una de ellas.

Ejemplo: Es la noche antes de tu examen final, la biblioteca está llena de gente y alguien sacó (*checked out*) ya los libros que buscas.

Ojalá alguien devuelva pronto los libros.

Ojalá no repruebe el examen.

Ojalá encuentre aquí un lugar para sentarme y estudiar.

1. Tu madre te llama para decirte que todos tus familiares (abuelos, primos, tíos, etcétera) van a cenar en tu casa el Día de Acción de Gracias.

_____

_____

_____

2. Llevas a tu mejor amigo/a al aeropuerto porque sale hoy para África en un safari de seis semanas.

_____

_____

_____

3. Estás con tus amigos en un partido de fútbol. Quedan diez minutos en el partido y tu equipo va perdiendo por dos goles. Además, empieza a llover.

_____

_____

_____

ACTIVIDAD 4   Recetas

[*] **Paso 1**   A continuación aparece una receta para preparar una piña colada. Lee las instrucciones y reescríbelas usando **se.**

Ejemplo: Beba la piña colada bien fría.

Se bebe bien fría.

Piña colada: un cóctel muy popular

Ingredientes:

2 onzas de jugo de piña

1 onza de crema de coco

1 onza de ron

hielo

Instrucciones:

1. Ponga todos los ingredientes en una batidora.

   _____

2. Añada hielo.

   _____

3. Mezcle todos los ingredientes.

   _____

4. Sirva en un vaso.

   _____

5. Adorne con rodajas de piña.

   _____

(Continues)

Paso 2   A continuación, escribe tu propia receta para preparar una bebida o una comida de tu gusto. Escribe las instrucciones usando **se**.

Nombre de la bebida o plato: _____

Ingredientes:

_____

_____

_____

_____

Instrucciones:

_____

_____

_____

_____

_____

Práctica auditiva

Pronunciación y ortografía

La pronunciación de *g* y *j*

In Spanish words are usually pronounced the way they are spelled, with one written letter representing one sound. However, there are instances where one letter can have more than one possible pronunciation, evident in the Spanish letter **g** (*ge*). Learning the contexts that determine the sound of the letter **g** will help you pronounce it correctly.

When **g** is followed by the vowels **a**, **o**, or **u**, it is pronounced as the English *g* as in the words *g*ap and *do*g. Listen and repeat the following sounds and words.

ga	**garganta**
go	**goma**
gu	**gusto**

The letter **g** is also pronounced similarly to the English *g* in *gap* when it is followed by the vowel combinations **ua**, **uo**, **ue**, and **ui**. In the vowel combinations **ua** and **uo**, the letter **u** is pronounced; in the clusters **ue** and **ui**, the **u** is silent. The combination **gue** in Spanish is pronounced similarly to *gue* in the English word *guest*. Likewise, **gui** resembles the pronunciation of *gui* in the word *guild*. Listen and repeat the following sounds and words.

gua	**agua**
guo	**antiguo**
gue	**guerra**
gui	**guitarra**

If **u** in the vowel clusters **ue** and **ui** needs to be pronounced, the mark ¨ (called dieresis) is written on top of the **u** to be written as shown: **üe**, **üi**. The letter **g** is still produced as in the previous examples and the vowel **u** is pronounced. Listen and repeat the following examples of the pronunciation of **güe** and **güi**.

güe	**vergüenza**
güi	**pingüino**

When **g** is followed by the vowels **e** and **i**, it is pronounced as the Spanish letter **j (jota)**, which in turn sounds like the English *h* in the words *hat* and *holy*. Listen and repeat the following sounds and words. Notice how **ge** and **gi** sound identical to **je** and **ji**.

ge	**gente**
gi	**gigante**
je	**jefe**
ji	**jirafa**

Since the sound of the letter **g** before **e** and **i** and the sound of the letter **j** are identical, one of the best strategies to mastering spelling is to memorize carefully each new word as you learn it. Reading paper and electronic texts as well as watching videos and movies with Spanish subtitles turned on can also greatly increase your familiarity with Spanish spelling. Focusing on the written words as you read and listen can help you better remember their spelling in the future.

ACTIVIDAD PRÁCTICA   For each number, you will hear a pair of words. Listen carefully and then decide if the word you see matches the word in letter **A** or letter **B**.

		A	B
1.	gol	☐	☐
2.	agüero	☐	☐
3.	giro	☐	☐
4.	gato	☐	☐
5.	Juana	☐	☐
6.	mago	☐	☐
7.	rige	☐	☐
8.	bregues	☐	☐
9.	angina	☐	☐
10.	agita	☐	☐

¡A grabar!

Listen to the following paragraph, then record yourself reading it out loud, paying close attention to the different pronunciations of the letter **g.**

Mi antiguo amigo Guillermo es de Argentina. Aunque es joven, ya es el gerente de una compañía que fabrica juegos de computadora. Es uno de los mejores trabajadores. Es muy inteligente, siempre es energético y jamás toma vacaciones. Además, es bilingüe. Tomó algunas clases de lingüística en la universidad que le ayudaron a aprender a hablar inglés como un nativo. Estoy seguro de que pronto puede ser el jefe de la empresa. El próximo junio, junto con sus colegas Josefa y Javier, va a viajar a Los Ángeles y en julio, va a ir a Japón para visitar todas las regiones del país. Tiene ganas de hablar con la gente allí sobre un proyecto gigante que pueden dirigir juntos. Su idea genial es crear un juego con personajes de varios orígenes geográficos que tratan de proteger una ciudad lujosa y prestigiosa de una enfermedad contagiosa.

▣ Cultura   La rumba

Escucha el texto y completa la actividad que sigue. Vas a escuchar el texto dos veces.

Rumberos en Cayo Hueso, un barrio de La Habana, Cuba
©Kobby Dagan/Shutterstock RF

Vocabulario útil

cajón	*drawer*
comerciante	*small business owner*
humilde	*of humble origins*
mueble	*furniture*
par de palitos	*pair of wooden sticks*

¿Entendiste?   Completa el resumen del texto que acabas de oír con la información necesaria.

El nombre *rumba* designa un baile, una _____[1] y una _____[2]

y es de _____ (país).[3] Se originó entre la gente de clase _____.[4]

y tiene mucha influencia de culturas _____,[5] especialmente la carabalí, la

lucumí y la mandinga. Los primeros _____[6] tenían que tocar sin

_____[7] musicales, por eso usaban objetos de la casa para hacer música,

como una botella o un _____[8] vacío que se tocaba con una

_____.[9] Ahora se usan tres _____[10] que se llaman «tumbadoras».

✱ Circunlocución: Cuando no conocemos la palabra exacta

Empareja cada una de las tres definiciones que vas a escuchar con el dibujo y palabra correspondientes. Vas a escuchar cada definición dos veces. Luego escribe tu propia definición de la última palabra.

Estas palabras se refieren a cosas que puedes encontrar sobre una mesa.

B. el caramelo　　**C. el posavasos**　　**D. el salvamantel**

A. el sacacorchos

1. _____　　　2. _____　　　3. _____

Tu definición:

_____

_____

Nos-otros

7

Práctica escrita

Palabras

☀ ACTIVIDAD 1 **¿Qué es?** ¿Qué palabras representa cada uno de estos dibujos? Ya tienes la primera y la última letra de cada palabra.

1. p_____a

2. p_____a

3. r_____a

4. f_____a

5. d_____n

6. e_____n

* **ACTIVIDAD 2**   **Las raíces de Pedro**   Completa los párrafos con las palabras de la lista, usando la forma correcta de los verbos en presente o pretérito cuando sea necesario.

bandera	ciudadanos	patria	símbolo
bilingüe	lengua materna	raíces	

Pedro es _____¹: habla español e inglés. Sus abuelos nacieron en El Salvador, pero dejaron su _____² en los años 50. En 1970 se hicieron _____³ de los Estados Unidos, pero siempre quisieron conservar su cultura, por eso les enseñaron tanto a sus hijos como a sus nietos a hablar su _____.⁴ Los primeros colores que Pedro aprendió en español fueron el blanco y el azul, los colores de la _____⁵ de El Salvador que es el _____⁶ de las _____⁷ de su familia.

acostumbrado	echar de menos	nivel de vida	zona residencial
adaptarse	esperanza	nostalgia	
criarse	ilusión	superarse	

Pedro _____⁸ en Fresno, en una _____⁹ cerca del río. Para Pedro, el primer año en la universidad lejos de su casa no está siendo fácil porque no está _____¹⁰ a vivir solo. Le cuesta mucho _____¹¹ a su nuevo horario y además él _____¹² a su familia, su ciudad y su barrio. Ahora, él puede comprender por primera vez la _____¹³ que sus abuelos sienten cuando piensan en El Salvador. También, ahora admira más los esfuerzos de sus abuelos por _____¹⁴ y alcanzar un buen _____¹⁵ para toda la familia. A ellos les hace mucha _____¹⁶ que un día Pedro tenga los conocimientos suficientes para mejorar y ampliar su negocio. A Pedro le gusta la idea, por eso tiene la _____¹⁷ de aprender a organizar mejor su tiempo y lograr que sus notas sean buenas en todas las materias.

* **ACTIVIDAD 3**   **Asociaciones**   Empareja una palabra de la columna A con una palabra de la columna B.

A	B
_____ 1. ciudadanía	a. faltar
_____ 2. bilingüe	b. superarse
_____ 3. echar de menos	c. español e inglés
_____ 4. tarjeta de residencia	d. español
_____ 5. avanzar	e. esperanza
_____ 6. ilusión	f. mexicana, estadounidense, española
_____ 7. hacer cola	g. tener papeles
_____ 8. castellano	h. esperar

Estructuras

17. Palabras indefinidas, negativas y positivas

* **ACTIVIDAD 1**   **Todo lo contrario**   Completa la segunda oración con palabras negativas para expresar la idea contraria de la primera oración.

Ejemplo: Tengo dinero.

_No_ tengo dinero.

1. Citlali siempre llega a tiempo.

   Citlali _____ llega a tiempo.

2. Había mucha gente en la fiesta.

   _____ había _____ en la fiesta.

3. El emigrante tiene dinero y documentos.

   El emigrante _____ tiene dinero _____ documentos.

(Continues)

4. Todo el mundo me entiende y también me ayuda.

_____ me entiende _____ me ayuda _____.

5. Eugenio quiere estudiar siempre.

Eugenio _____ quiere estudiar _____.

* ACTIVIDAD 2   **Palabras negativas**   Llena los espacios en blanco con las palabras negativas que completen mejor el sentido de la oración.

1. El oficial de inmigración no está en su oficina. Por lo tanto, _____ hay

   _____ que atienda su caso.

2. Todo el mundo conoce el problema de la pobreza en nuestra comunidad. Eso

   _____ lo puede negar.

3. Las lluvias afectaron toda la zona residencial y ahora la gente que vive allí

   _____ tiene agua _____ electricidad.

4. Siempre debes llevar el pasaporte contigo. _____ lo dejes porque

   no aceptan _____ otro documento como identificación.

5. Tienes que mantener una actitud positiva. _____ permitas que te domine

   _____ la desesperanza _____ la desilusión en momentos

   difíciles.

18. El indicativo y el subjuntivo en cláusulas adjetivales

* ACTIVIDAD 1   **Se buscan maestros bilingües**   Completa las oraciones con la forma correcta del presente de subjuntivo o indicativo de los verbos que están entre paréntesis.

Ayer, leí un anuncio dirigido a personas que _____[1] (desear) ser maestros

bilingües. La biblioteca de Denver _____[2] (buscar) personas que _____[3]

(sentirse) capaces de enseñar varias materias en español. La biblioteca _____[4]

(necesitar) estudiantes y miembros de la comunidad que _____[5] (poder) dar

clases a adultos. Además, aceptan solicitudes de personas que _____[6] (querer)

leer en voz alta y trabajar con los niños. Los puestos son voluntarios, pues muchos de

los maestros serán personas que ya _____[7] (enseñar) en otros lugares. Creo que

este anuncio se dirige a personas que _____[8] (tener) deseo de ayudar a la gente hispana y ser parte de la comunidad. Lo bueno de este programa es que _____[9] (ayudar) a los niños de la comunidad que no _____[10] (disfrutar) el mismo acceso a los libros que los niños de nivel económico más alto.

☐ ACTIVIDAD 2   ¿Indicativo o subjuntivo?   Escribe oraciones completas conjugando los verbos en la forma correcta del indicativo o presente de subjuntivo.

Ejemplo: yo / buscar una comunidad / ser diversa
              Busco una comunidad que sea diversa.

1. ¿haber alguien / estar indocumentado?

   _____

2. (él) / conocer a alguien / necesitar la tarjeta de residente

   _____

3. no haber / nadie en el grupo / tener la residencia legal en este país

   _____

4. haber varias personas / estar solicitando el pasaporte

   _____

5. (yo) / no conocer a nadie / venir de otro país

   _____

6. haber muchas personas / enviar dinero a su país de origen

   _____

7. (nosotros) / buscar a alguien / saber el valor de ser bilingüe

   _____

El pasaporte Completa el siguiente párrafo con la forma correcta del presente de subjuntivo o indicativo de los verbos que están entre paréntesis, o con la palabra indefinida o negativa apropiada.

Es posible que _____[1] (ninguno / ningún) documento de identidad _____[2] (ser) más importante que el pasaporte, que _____[3] (servir) de prueba de ciudadanía además de identificación. Por eso, en los próximos años todas las personas que _____[4] (llegar) a territorio estadounidense _____[5] (deber) tener su pasaporte al día. Después del ataque terrorista del 11 de septiembre, la política pública de los Estados Unidos _____[6] (no / nada / ningún) _____[7] (permitir) la entrada de _____[8] (algún / ningún / nadie) que _____[9] (nada /ni / no) _____[10] (tener) sus documentos en regla. De hecho, para mayor seguridad, _____[11] (también / tampoco) ha cambiado el diseño del pasaporte. El nuevo pasaporte _____[12] (incluir) un «chip» de seguridad que _____[13] (contener) una imagen digital de la cara de la persona. Con esta medida (*measure*), el gobierno espera que _____[14] (no / ni / nada) se _____[15] (poder) falsificar la foto _____[16] (no / ni / nada) se _____[17] (cometer) fraudes _____[18] (tampoco / ningún / también).

¿Cuándo se dice? *Actual y real*

actual	*current*	La situación **actual** de los indígenas quizá sea mejor que hace 50 años, pero aún no es buena.
en la actualidad	*now, nowadays*	**En la actualidad**, muchos pueblos indígenas están organizándose para luchar por sus tierras y sus derechos.
real	*real*	El problema **real** está en la necesidad de representación de los pueblos.
	royal	El mensajero **real** buscaba a la mujer que había bailado con el príncipe la noche anterior.
en realidad	*actually, in fact, in actuality*	**En realidad**, Colón sabía menos de cartografía de lo que se podría esperar.

* PRÁCTICA Completa el siguiente párrafo con **actual, real, en la actualidad** o **en realidad**.

_____[1] se puede ver todavía la influencia de la cultura indígena en los países latinoamericanos, incluso si _____[2] queda muy poca presencia indígena en algunos de ellos. En el México _____,[3] por ejemplo, la comida se basa sobre todo en los productos de la dieta precolombina. Para algunas personas, si se quiere saber la manera _____[4] de ser de un pueblo, hay que investigar primero lo que come.

MÁS personal

ACTIVIDAD 1   Tus raíces Contesta con oraciones completas las siguientes preguntas sobre tus raíces.

1. ¿Cuál es tu nacionalidad? _____

2. ¿Eres bilingüe? _____

3. ¿Cuál es la lengua materna de tus abuelos? _____

4. ¿Cuál es la patria de tu abuela? _____

5. ¿Cuáles son los colores de la bandera del país donde tu familia tiene sus raíces?

   _____

6. ¿Dónde creciste tú? _____

7. ¿Fue difícil para ti adaptarte a la vida universitaria? ¿Por qué?

   _____

8. ¿A quién o qué echas de menos en este momento? _____

9. ¿De qué sientes nostalgia? _____

10. ¿En qué aspecto de tu vida necesitas superarte? _____

11. ¿Qué o quién te hace sentirte orgulloso/a? _____

ACTIVIDAD 2   **Un poco sobre ti**   Contesta con oraciones completas las siguientes preguntas sobre tu experiencia personal.

1. ¿Tienes algún amigo extranjero?

_____

2. ¿Hablas otro idioma?

_____

3. ¿Te interesa conocer otro país?

_____

4. ¿Hay alguien de otro país en tu comunidad?

_____

5. ¿Conoces a alguna persona famosa de Hollywood?

_____

ACTIVIDAD 3   **Mi país**   Completa las siguientes ideas de manera lógica.

1. Mi país es un país que...

_____

2. Yo deseo vivir en un país que...

_____

3. Los inmigrantes buscan en mi país un lugar que/donde...

_____

4. Muchos inmigrantes encuentran en mi país un lugar que/donde...

_____

5. En mi país hay personas que...

_____

6. No conozco a nadie en mi país que...

_____

Práctica auditiva

Pronunciación y ortografía

La pronunciación de la *r*

To many learners, one of the most striking aspects of Spanish pronunciation is the production of letter **r (ere)** and **rr (doble erre)**. The two sounds are quite different from the English articulation of the letter *r*. Listen to the following words, noting the difference between the Spanish **r** and the English *r* sounds.

par̲te   *par̲t*   **r̲ico**   *r̲ich*

In Spanish there are two **r** sounds. One is called a *tap*, which is most often represented by the single letter *r*. The other one is a *trill*, represented by either a single **r** or by **rr** in writing.

The tap **r** is produced by a quick movement, a tap of the tip of the tongue against the alveolar ridge, the part of the roof of the mouth between the upper teeth and the hard palate. The tap closely resembles the pronunciation in American English of letters *t, d, tt,* and *dd* in words *wat̲er, mod̲ern, let̲ter* and *lad̲der*. Listen and repeat the following words, modeling the Spanish tap **r**.

car̲o   **per̲o**

The pronunciation of the trill **rr** requires several, usually 2 to 3, quick taps of the tip of the tongue against the alveolar ridge. To produce it, place the tip of the tongue on the upper ridge, maintaining the tongue body tense, but the tip relaxed, and strongly push out the air. The airflow will cause the tip of the tongue to vibrate and produce the trill, while the tongue body remains in its tense position. If the sound does not come out right during several attempts, do not get discouraged! The trill pronunciation is very energy consuming and requires lots of tongue control. The sound even takes children who grow up speaking Spanish some time to master. With continuous practice you will be able to master it, just like native Spanish speakers do when they are young. Listen and repeat the following words modeling the trill pronunciation.

car̲̲ro   **per̲̲ro**

While the written **rr** is always pronounced as a trill, the single written **r** may be pronounced either as a trill or a tap, depending on its context. If a word starts with **r** and it appears in the beginning of a sentence or after a pause, such as a comma, **r** is pronounced as a trill and not as a tap. The single **r** is also pronounced as a trill when it is the first letter of a proper noun and when it appears after letters **l**, **n**, and **s** either in the same word or in between words. Listen and repeat the following words, pronouncing the single **r** as a trill.

r̲osa   **al̲rededor**   **Is̲rael**   **Costa R̲ica**   **hon̲ra**

(Continues)

While the Spanish letters **r** and **rr** may at first seem challenging to master, learning to produce the tap and trill sounds is possible with time, practice, and the pronunciation tips presented to you in this section.

ACTIVIDAD PRÁCTICA

For each number, you will hear a pair of words. Listen carefully and then decide if the word you see matches the word in letter A or letter B.

	A	B			A	B
1. aroma	☐	☐	6. pero	☐	☐
2. querría	☐	☐	7. delirio	☐	☐
3. irregular	☐	☐	8. forro	☐	☐
4. cura	☐	☐	9. corro	☐	☐
5. los ricos	☐	☐	10. bario	☐	☐

¡A grabar!

Listen to the following paragraph and then record yourself reading it out loud, differentiating between the tap and the trill pronunciations of the Spanish **r**.

El nombre de mi mejor amigo es Enrique Rojo. Es costarricense, pero cuando era niño vivió por tres años en Puerto Rico y después, por cuatro años en Perú. Cuando se graduó, decidió trasladarse a California para asistir a la universidad y estudiar literatura norteamericana. Pronto, le empezaron a interesar otras obras literarias y determinó explorar los trabajos de autores rusos, griegos, marroquíes y muchos otros. Ahora trata de aprender los idiomas de sus autores favoritos y realmente muestra mucho progreso. Fuera del aula, durante sus ratos libres, Enrique prefiere dar un paseo por el barrio con su perro que se llama Arroba. Cada tarde los veo pasear cuando regreso del trabajo en mi carro.

⊡ Cultura   *Spanglish: ¿lengua del futuro?*

Escucha el texto y completa la actividad que sigue. Vas a escuchar el texto dos veces.

Una tienda que refleja la realidad bilingüe en los Estados Unidos
©Brian Barneclo

Vocabulario útil

híbrido/a	*hybrid*
detractor	*opponent*
angloparlante	*English speaker*

¿Entendiste?   Completa el resumen del texto que acabas de oír con la información necesaria.

Hay más de 55 _____[1] de hispanos residiendo en los _____,[2] por eso el contacto entre el inglés y el español ha creado una _____[3] híbrida: el *spanglish*.

En el ambiente _____,[4] el *spanglish* tiene sus defensores y detractores. Los defensores _____[5] que el *spanglish* implica el dominio lingüístico de ambos _____.[6] Sin embargo, para los detractores el *spanglish* es un proceso que afecta a la _____[7] de las dos lenguas.

La pregunta es: ¿El *spanglish* va a ser una lengua que se _____[8] en los países _____[9] o solo se va a hablar en las _____[10] hispanas de los Estados Unidos?

⊛ Circunlocución: Cuando no conocemos la palabra exacta

Empareja cada una de las tres definiciones que vas a escuchar con el dibujo y palabra correspondientes. Vas a escuchar cada definición dos veces. Luego escribe tu propia definición de la última palabra.

Estas definiciones tienen que ver con una tradición muy popular en el mundo hispanohablante.

A. la procesión   **B. el paso**

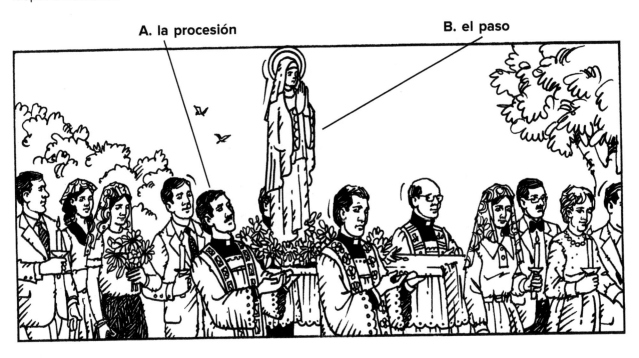

C. la Semana Santa   **D. la ofrenda**

abril		abril	
3		Lunes Santo	10
4		Martes Santo	11
5		Miércoles Santo	12
6		Jueves Santo	13
7		Viernes Santo	14
8			15
9	Domingo de Ramos	Pascua Florida	16

1. _____   2. _____   3. _____

Tu definición:

_____

_____

Nuestro pequeño mundo

8

Práctica escrita

Palabras

☐* ACTIVIDAD 1   Asociaciones Empareja una palabra o expresión de la columna A con una palabra de la columna B.

A

_____ 1. la agricultura

_____ 2. la capa de ozono

_____ 3. la sequía

_____ 4. el río

_____ 5. la basura

_____ 6. el Fondo Monetario Internacional

_____ 7. el acuerdo

_____ 8. el petróleo

_____ 9. el efecto invernadero

_____ 10. la especie

_____ 11. desperdiciar

B

a. el contenedor

b. la deuda

c. la inundación

d. el tratado

e. la extinción

f. la cosecha

g. la fuente de energía

h. el agujero

i. el desierto

j. reducir

k. la amenaza

ACTIVIDAD 2 **Quique y la ecología** Completa el siguiente párrafo con las palabras de la lista. Conjuga los verbos en la forma correcta del presente de subjuntivo cuando sea necesario.

botar	envases	países desarrollados	reciclables
cosechas	medioambiental	pesticidas	recursos naturales
contenedor	medioambiente	preservar	reducir

Quique es un estudiante de biología, al que le interesa mucho la protección de los

_____.¹ Le molesta que la gente _____² los _____³

_____⁴: él siempre los recoge y luego los pone en el _____⁵ de

reciclados. Quique considera muy importante que la humanidad _____⁶ el

_____⁷ y la salud de todos, por eso participa en protestas contra el uso de

_____⁸ en las _____.⁹ Para él, es importante que los

_____¹⁰ tomen medidas para _____¹¹ drásticamente la

contaminación _____.¹²

Estructuras

19. El futuro y el futuro perfecto de indicativo

ACTIVIDAD 1 **Cuadro de verbos** Completa el cuadro de abajo y el de la siguiente página con las formas del futuro y del futuro perfecto.

Futuro						
	yo	tú	él/ella/Ud.	nosotros	vosotros	ellos/ellas/Uds.
					diréis	
ir		irás				
hacer						
poder						
reducir						
tener						
poner						
botar						
salir						
saber						

Futuro perfecto						
	yo	tú	él/ella/Ud.	nosotros	vosotros	ellos/ellas/Uds.
			habrá reciclado			
poner						
decir						
morir						
		habré sido				

* **ACTIVIDAD 2**   **La escasez de recursos**   Completa las siguientes predicciones y estimaciones (*estimates*) con la forma del futuro de los verbos de la lista.

crear	haber	poder	purificar	ser
dar	hacer	poner	saber	tener

1. Latinoamérica _____ un problema de escasez de recursos en los próximos años.

2. Las empresas privadas _____ una situación más difícil para los gobiernos.

3. Los líderes latinoamericanos _____ restricciones al uso de los recursos naturales.

4. El Banco Mundial y el Fondo Monetario Internacional _____ más préstamos para el suministro de agua potable.

5. Muchos países latinoamericanos _____ el agua con cloro.

6. En México, D.F., Santiago de Chile y Lima _____ menos agua en las reservas subterráneas.

7. El consumo del agua _____ el doble del consumo total en el año 2030.

8. Los gobiernos _____ los cambios necesarios para controlar la explotación de recursos naturales.

(Continues)

9. (Nosotros) _____ mantener la calidad de vida si reciclamos los desperdicios.

10. No (nosotros) _____ exactamente las consecuencias futuras del desperdicio del agua.

20. El indicativo y el subjuntivo en cláusulas adverbiales

⬚ ACTIVIDAD 1 **Conjunciones adverbiales** Marca la conjunción adverbial apropiada para cada oración.

Ejemplo: Los negocios agrícolas no pueden seguir consumiendo tanta agua (sin / (sin que)) el gobierno les cobre por el suministro.

1. El comité de Planificación Urbanística propone hacer cambios (para / para que) se mejore la calidad de vida de los habitantes de las ciudades.

2. La ley será efectiva (después / después de que) se apruebe la propuesta.

3. Los agricultores no quieren dejar el campo (con tal que / aunque) puedan seguir trabajando en la agricultura.

4. (Aunque / Cuando) arrojamos (*dump*) basura al mar, alteramos el ecosistema marino.

5. La explotación de los recursos naturales no puede continuar (siempre y cuando / sin que) se tomen las medidas necesarias para mantenerlos en el futuro.

6. Las autoridades mexicanas han creado regulaciones (en caso de / para) mejorar la calidad del aire.

7. Tenemos que ahorrar más energía (aunque / siempre y cuando) sea difícil acostumbrarnos al principio.

8. (A fin de / A fin de que) cambie de opinión, recuérdale al inversionista los beneficios medioambientales de este proyecto.

9. El concepto de la economía sustentable implica utilizar los recursos naturales (para que / tan pronto como) no se agoten en el futuro.

10. Es una ciudad maravillosa, pero no hay transporte público disponible (después de / después de que) la medianoche.

11. Hay que proteger la Amazonia contra la deforestación (antes de que / a menos que) su destrucción tenga efectos irreversibles para todo el planeta.

⁎ **ACTIVIDAD 2** **Conciencia ambiental** Completa las siguientes oraciones con la forma correcta del presente de subjuntivo o indicativo de los verbos que se ofrecen, o dejándolos en el infinitivo.

Ejemplo: Podemos hacer excursiones a la selva siempre y cuando _dejemos_ (nosotros: dejar) intacta la naturaleza.

1. La organización ambiental anunció una nueva campaña para que las industrias no _____ (botar) desperdicios al mar.

2. La idea es que podemos hacer pequeños cambios en nuestros hábitos sin _____ (nosotros: tener) que cambiar nuestro estilo de vida.

3. Siempre apago la luz en cuanto _____ (yo: salir) de mi habitación.

4. Hay que detener la deforestación de la Amazonia antes de que _____ (ser) demasiado tarde.

5. Nunca dejo basura cuando _____ (yo: ir) a la playa.

6. Las generaciones futuras van a tener menos recursos para _____ (ellos/as: satisfacer) sus necesidades básicas.

7. La calidad del aire no va a mejorar a menos que _____ (**se** impersonal: crear) regulaciones más estrictas contra la contaminación.

8. No debemos visitar los espacios naturales protegidos sin que un guía turístico _____ (ir) con nosotros.

⁎ **ACTIVIDAD 3** **Ahorrar combustible** Completa el párrafo con la forma correcta del subjuntivo o indicativo de los verbos que están entre paréntesis, o dejándolos en el infinitivo.

Los consumidores se quejan porque el precio del combustible _____[1] (estar) más alto cada día. Se han creado campañas de publicidad para que los consumidores _____[2] (evitar) el gasto excesivo de combustible. El alto precio del combustible tiene que ver con el aumento en el precio del petróleo antes de _____[3] (ser) procesado en derivados (_as by-products_) como la gasolina o energía para producir electricidad. Lo cierto es que el precio del petróleo no va a bajar

(_Continues_)

aunque las organizaciones internacionales _____⁴ (tratar) de regular los precios. Entonces, ¿qué podemos hacer? Los fabricantes de autos han empezado a diseñar los autos híbridos como una opción, a fin de que los consumidores _____⁵ (economizar) en el gasto de gasolina. No cabe duda que los carros híbridos, o sea, los que funcionan con electricidad y gasolina, son la mejor alternativa siempre y cuando los precios de venta _____⁶ (mantenerse) iguales a los de los carros convencionales. Una de las mayores ventajas de un vehículo híbrido es que puede recorrer 500 millas por tanque, mientras que un carro convencional _____⁷ (recorrer) solo 200 o 300 millas por tanque. Lo esencial es ahorrar combustible al máximo (*as much as posible*) de modo que nosotros _____⁸ (poder) acostumbrarnos a los cambios que se aproximan en nuestro estilo de vida.

[*] **AUTOPRUEBA** **El manglar** (*Mangrove forest*) Completa los párrafos con la forma correcta de los verbos que están entre paréntesis en el presente de indicativo o de subjuntivo, en el futuro, o dejándolos en el infinitivo.

El manglar consiste en un grupo de árboles que se adaptan para _____¹ (sobrevivir) en terrenos pantanosos (*swamp lands*). Los árboles y las plantas que crecen en los manglares desarrollan raíces aéreas porque _____² (necesitar) estabilizarse en un terreno poco firme. Además, tienen unas estructuras especializadas para que _____³ (entrar) el oxígeno y _____⁴ (salir) el dióxido

Source: NPS photo

de carbono. Los manglares pueden estar en contacto directo con el mar o cerca de los ríos y las lagunas. Ofrecen una importante función: son como pulmones (*lungs*) cuando _____⁵ (estar) cerca de ciudades con mucha contaminación.

Aunque el manglar _____⁶ (ser) un ecosistema muy productivo porque produce gran cantidad de materia orgánica, está en peligro de extinción debido a la contaminación de las aguas. La situación _____⁷ (poder) ser devastadora a menos que _____⁸ (hacer: nosotros) algo pronto. De lo contrario, en un futuro próximo _____⁹ (desaparecer) el hábitat de muchas especies de animales y organismos marinos. Peor aún, los manglares cerca del mar no

_____[10] (poder) proteger la costa contra la erosión ni las tormentas.

　　　Es importante seguir luchando hasta que la población _____[11]

(entender) la importancia de los manglares. Después de todo, los manglares son lugares

recreativos porque _____[12] (servir) para practicar deportes acuáticos y

actividades turísticas, de modo que no solo _____[13] (beneficiar) el medio

ambiente, sino tambien nos _____[14] (ofrecer) diversión.

¿Cuándo se dice?　　Maneras de expresar to support

apoyar	to support to give emotional support	Si crees que vas a caerte, **apóyate** en mí. Te **apoyamos** en todo lo que necesites.
mantener	to support financially to keep	Ella **mantiene** a su familia con su sueldo. Nos gusta **mantener** las tradiciones familiares.
sostener	to support, to sustain to hold	Esas columnas **sostienen** el edificio. El hombre **sostiene** al niño en sus brazos.
soportar	to withstand to bear to put up with	El ser humano no puede **soportar** la presión del agua a gran profundidad. Este material **soporta** temperaturas de más de 100°. No **soporto** el calor.

☒ **PRÁCTICA**　　Elige uno de los verbos que expresan *to support* y conjúgalo en el presente de indicativo para completar las siguientes oraciones basadas en los dibujos.

1.

El pueblo _____

a María Torres para presidenta.

2.

«¡No _____

este ruido!»

(Continues)

3.

El acróbata _____ varios

platos sobre un palo (*stick*) en la cabeza.

4.

La Sra. García _____

a su familia con un solo sueldo.

MÁS personal

* ACTIVIDAD 1   La tercera palabra   Escribe una palabra de la sección **Palabras** que relaciones con las otras dos que se dan aquí.

Ejemplo: sembrar, la agricultura, *la cosecha*

1. la madera, el bosque, _____

2. el agujero, el efecto invernadero, _____

3. crear, cultivar, _____

4. reducir, preservar, _____

5. reducir, consumir, _____

6. el pesticida, la basura, _____

7. la atmósfera, el planeta, _____

ACTIVIDAD 2 ¿Qué harás tú?

Paso 1 Basándote en este anuncio de una campaña de ahorro de agua, haz una lista de todas las cosas que harás esta semana para ahorrar agua.

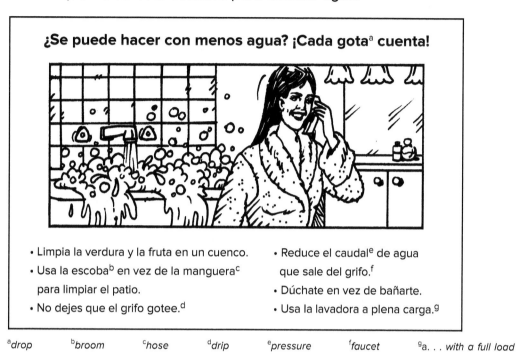

¿Se puede hacer con menos agua? ¡Cada gota^a cuenta!

- Limpia la verdura y la fruta en un cuenco.
- Usa la escoba^b en vez de la manguera^c para limpiar el patio.
- No dejes que el grifo gotee.^d

- Reduce el caudal^e de agua que sale del grifo.^f
- Dúchate en vez de bañarte.
- Usa la lavadora a plena carga.^g

^adrop   ^bbroom   ^chose   ^ddrip   ^epressure   ^ffaucet   ^ga. . . with a full load

Ejemplo: *Usaré la lavadora a plena carga (with a full load).*

1. _____
2. _____
3. _____
4. _____
5. _____

(*Continues*)

Paso 2 Ahora escribe oraciones que reflejen tus preocupaciones ecológicas. ¿Qué crees que habremos hecho con nuestro planeta para finales de este siglo? Utiliza las palabras que aparecen a continuación y expresa tus ideas en el futuro perfecto.

Ejemplo: *Creo que habrá aumentado la contaminación.*

el aire   los bosques   las ciudades   el petróleo   el planeta

1. _____

2. _____

3. _____

4. _____

5. _____

ACTIVIDAD 3   Tu opinión Completa las siguientes ideas según tu opinión.

1. Las selvas, como la Amazónica, son importantes para los seres humanos porque...

_____

2. La selva Amazónica puede desaparecer a menos que...

_____

3. Es necesario que nuestros gobiernos _____ (acción) a fin de...

_____

4. La situación medioambiental en este país puede mejorar con tal que...

_____

Práctica auditiva

Pronunciación y ortografía

La pronunciación de *b* y *v*

In Spanish orthography there are several instances where two different letters share the same pronunciation. In this section, we will focus on one such example, the articulation of the letters **b** and **v**. While in English there is a clear distinction between the pronunciation of **b** and **v**, in Spanish the two graphemes (written representations of a sound) are produced exactly the same. Listen and repeat the following words noticing how **b** and **v** are distinguished in English.

base   *vase*

Now listen and repeat the Spanish words, observing how **b** and **v** are pronounced alike.

baso (from the verb **basar**)   **vaso**

In standard Spanish the letter **v** is never pronounced as the English* *v* in words such as *vine* and *victory*, but instead, shares the same pronunciation with the letter **b**. When **b** or **v** appears in the following locations, the sound is like the English *b* in words *boy* and *baby*.

1. The beginning of a sentence

2. After a pause (indicated by a period or a comma in writing)

3. After nasal letters **m** or **n** (either in the same word or between two words)

Listen and repeat the following words, ensuring that you pronounce both **b** and **v** like the English *b* in *boy*.

basta	**un beso**
vamos	**un verso**

In all other contexts, the letters **b** and **v** are pronounced in a softer manner, lacking an explosive-like nature of the previously described sound. When pronouncing the softer variety of **b** and **v**, the two lips come close to each other, but do not close completely,

(Continues)

---

*In certain varieties of Spanish, particularly in Paraguayan Spanish, you will hear the letter **v** being pronounced as the English *v*. This phenomenon is due to a prolonged contact of Spanish with other languages that have the *v* sound. In case of Paraguayan Spanish, it is the contact with the indigenous language Guaraní. It is important to remember, however, that such pronunciation is a regional variant.

and air flows without obstruction. Listen and repeat the following words, practicing the softer pronunciation of **b** and **v.**

> **la boca**
> **la vaca**
> **haber**
> **aviso**

When spelling words out loud in Spanish, letter **b** is usually referred to as either **be alta, be grande,** or **be larga** and letter **v** is called either **uve**, **ve baja, ve chica,** or **ve corta.**

Due to the shared pronunciation, you may question which letter to use in writing. The best strategy is to memorize carefully the spelling of each new word you learn in Spanish. Reading can also greatly improve your familiarity with Spanish spelling as you are able to see the visual representation of each word.

ACTIVIDAD PRÁCTICA

Listen to the following words and phrases and indicate whether the word you hear is pronounced with a hard **b,** as in the word **basta,** or with a soft **b,** as in the word **haber.**

	hard **b**	soft **b**		hard **b**	soft **b**
1.	☐	☐	6.	☐	☐
2.	☐	☐	7.	☐	☐
3.	☐	☐	8.	☐	☐
4.	☐	☐	9.	☐	☐
5.	☐	☐	10.	☐	☐

¡A grabar!

Listen to the following paragraph, then record yourself reading it out loud, ensuring that letters **b** and **v** are pronounced according to the rules you have studied.

Viviana es bibliotecaria y su novio Abelardo es abogado. Los dos viven en el viejo vecindario de Valencia. Los sábados la pareja monta en bicicleta por varios valles verdes cerca de la ciudad, cada vez explorando vías nuevas. A veces, Viviana y Abelardo visitan las bodegas locales para probar diferentes vinos de la región. Les gusta beber un vaso de vino, degustar uvas y disfrutar las bonitas vistas de viñas. Después de volver a casa, los dos se sientan cerca de una ventana, encienden las velas, ponen varios piscolabis y bebidas en una bandeja y miran la televisión o juegan la baraja española. Para ellos, la vida es un verdadero placer.

* Cultura   Bioenergía: ¿solución contra el hambre y la pobreza?

Escucha el texto y completa la actividad que sigue. Vas a escuchar el texto dos veces.

Vocabulario útil

el cultivo	*crop*
la alimentación	*food*
la remolacha	*beet*
contar con	*to have available*

*Trabajadora en un campo
de caña*

©Digital Vision/PunchStock RF

¿Entendiste?   Completa el resumen del texto que acabas de oír con la información necesaria.

La bioenergía consiste en usar productos _____[1] como fuentes de

_____[2] Algunos _____[3] típicos son la caña de azúcar, la

remolacha, el _____,[4] la _____,[5] el carbón, etcétera. La

Organización de las _____[6] Unidas para la Agricultura y la Alimentación opina

que la bioenergía puede presentar una _____[7] a los problemas de la pobreza

y el _____,[8] además de ser un modelo para la economía _____.[9]

Circunlocución: Cuando no conocemos la palabra exacta

Empareja cada una de las tres definiciones que vas a escuchar con el dibujo y palabra correspondientes. Vas a escuchar cada definición dos veces. Luego escribe tu propia definición de la última palabra.

Las palabras de esta sección se refieren a dos animales y dos tipos de lluvia.

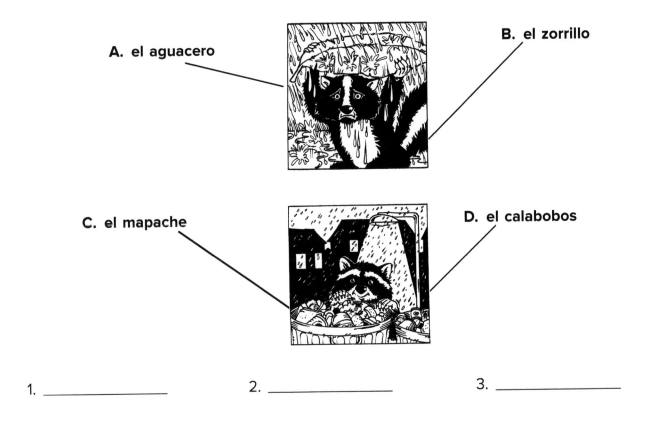

A. el aguacero

B. el zorrillo

C. el mapache

D. el calabobos

1. _____

2. _____

3. _____

Tu definición:

_____

_____

En busca de la igualdad

9

Práctica escrita

Palabras

☒ ACTIVIDAD 1 **La palabra correcta** Selecciona la palabra que completa mejor las siguientes oraciones.

1. Una persona que no puede oír es (sorda / ciega).

2. Una mujer que siente atracción sexual por otra mujer es (muda / lesbiana).

3. Un hombre que está en prisión es un (modelo / preso).

4. Si no puedo expresar mi opinión, no tengo (libertad / lucha).

5. No conseguir trabajo por ser católico es discriminación (de género / religiosa).

6. Una organización no gubernamental es una (ley / ONG).

7. Un hombre es (una hembra / un varón).

8. El (analfabetismo / abuso) consiste en no saber leer ni escribir.

9. Un animal del sexo masculino es (un varón / un macho).

10. (El comportamiento / La postura) es la manera de portarse o actuar.

11. Pedir o exigir algo es (reclamar / mejorar).

ACTIVIDAD 2   **Opuestos**   Empareja la palabra de la columna A con su antónimo de la columna B.

A	B
_____ 1. libertad	a. promover
_____ 2. rechazar	b. discriminación
_____ 3. igualdad	c. incluir
_____ 4. marginado	d. injusto
_____ 5. oponerse	e. prisión
_____ 6. justo	f. privilegiado

ACTIVIDAD 3   **La Organización Nacional de Ciegos Españoles (ONCE)**   Completa los siguientes párrafos con las palabras de la lista, conjugando los verbos en el presente de indicativo cuando sea necesario.

asistencia pública	injusta	rechazo
discapacitados	marginados	voz

Durante mucho tiempo los _____[1] han experimentado el _____[2] de la sociedad y se han sentido sin una _____[3] para expresar su situación de seres _____.[4] Sin embargo, esta situación _____[5] está cambiando, gracias a la _____[6] y a asociaciones como la ONCE.

ciegos	discriminación social	mejorar	promover
con respecto	integrar	oponerse	

La ONCE desea _____[7] las condiciones de vida de las personas que no pueden ver, es decir los _____.[8] Esta asociación _____[9] a la _____[10] de los invidentes (*blind*) y _____[11] su derecho a un puesto de trabajo. _____[12] a personas con otras deficiencias físicas, la ONCE también trata de _____[13] a estas personas al mundo laboral, social y cultural.

Estructuras

21. El presente perfecto de subjuntivo

[*] **ACTIVIDAD 1** **Reacciones** Completa las siguientes oraciones con el presente perfecto de subjuntivo de los verbos que están entre paréntesis.

1. Es crucial que se _____ (discutir) las consecuencias negativas del machismo.

2. Me parece importante que los indígenas _____ (denunciar) el problema de la discriminación racial.

3. No hay nadie en esta oficina que _____ (oponerse) a la decisión del comité.

4. No creo que los manifestantes _____ (expresar) claramente su opinión.

5. Es increíble que el acusado _____ (negar) la existencia de la violencia doméstica en su familia.

6. Dudo que ellos _____ (construir) muchas rampas de acceso para las personas discapacitadas en el edificio nuevo.

[*] **ACTIVIDAD 2** **¿Presente perfecto de indicativo o subjuntivo?** Completa las oraciones con la forma correcta del presente perfecto de indicativo o de subjuntivo de los verbos que están entre paréntesis.

1. El informe _____ (evaluar) las actitudes discriminatorias contra los empleados.

2. ¿Hay alguien que _____ (leer) la respuesta del activista?

3. Las mujeres _____ (exigir) mayor representación en los puestos ejecutivos.

4. Es crucial que los líderes _____ (hacer) una protesta en defensa de los derechos humanos.

(Continues)

5. No hay nadie que _____ (trabajar) tanto como ella en la lucha contra el sexismo.

6. Debemos agradecerles a las mujeres que _____ (enfrentarse) a los prejuicios por tantos años.

7. No hay duda de que el machismo es una actitud que se _____ (asociar) con los hombres, pero hay mujeres que la _____ (apoyar) también.

8. No creo que la empresa le _____ (ofrecer) el puesto porque tiene un nivel muy bajo de escolaridad (schooling).

* **Actividad 3** **Día Internacional de la Mujer Afrolatinoamericana y Afrocaribeña** Completa el siguiente párrafo con la forma correcta del presente perfecto de subjuntivo o indicativo de los verbos que están entre paréntesis.

El 25 de julio _____[1] (ser) declarado el Día Internacional de la Mujer Afrolatinoamericana y Afrocaribeña. En la declaración oficial se _____[2] (evaluar) la situación de desigualdad social, económica y cultural que las mujeres de descendencia africana _____[3] (enfrentar) en Latinoamérica y el Caribe. Es importante que se _____[4] (reconocer) la situación de estas mujeres como un sector que sigue luchando contra la discriminación racial y sexual. Sin embargo, no hay duda de que el reconocimiento no se _____[5] (lograr) por completo. Existen muchos problemas que el movimiento de mujeres negras y feministas _____[6] (discutir) y para los que no se _____[7] (encontrar) soluciones todavía. Es importante que este sector de la población latinoamericana y caribeña _____[8] (presentar) los factores que _____[9] (retrasar) el derecho a mejores oportunidades en el campo de la salud, la educación y el trabajo. Es bueno que esta declaración se _____[10] (hacer) para que se reconozca la situación de estas mujeres en el panorama internacional.

22. Los pronombres relativos

ⓐ ACTIVIDAD 1 **¿Qué pronombre es apropiado?** Completa las siguientes oraciones con los pronombres relativos que se ofrecen, según sea necesario.

que   **quien**   **quienes**

1. Esa es la librería _____ vende libros sobre la historia del feminismo.

2. Creo que Martin Luther King, Jr., es un líder a _____ siempre debemos recordar por sus logros (*triumphs*) contra la discriminación racial.

3. El activista _____ llegó de Nueva York es el orador (*speaker*) principal.

4. Los estudiantes con _____ me comuniqué están muy comprometidos con la lucha.

5. Ese es el documento _____ explica la nueva medida a favor de la representación de homosexuales.

6. Julia Álvarez, _____ nació en la República Dominicana, es autora de una novela sobre la violación de los derechos humanos bajo la dictadura.

el cual   **la cual**   **los cuales**   **las cuales**

1. El grupo, _____ estaba compuesto de mujeres de diferentes países, expresó su opinión contra la violencia doméstica.

2. La presidenta, a _____ tuvimos ocasión de saludar (*greet*), es una profesora jubilada.

3. El ejercicio, con _____ se inició la actividad, estuvo muy divertido.

4. Los incidentes, a _____ el profesor se refirió en su presentación, aparecen en el informe.

cuyo/a   **cuyos/as**   **donde**   **lo que**   **lo cual**

1. _____ le interesa a la comisión es investigar casos de violencia contra los niños.

2. El mensaje, _____ objetivo es hacer público el problema de la discriminación, ha sido publicado en la revista.

(Continues)

3. La Declaración Universal de los Derechos Humanos también busca proteger a los niños, por _____ se enmendó (*amended*) en 1959.

4. _____ plantea la Declaración Universal de los Derechos Humanos es la igualdad para todos los habitantes del planeta.

5. El pueblo _____ nació Rigoberta Menchú es una de las comunidades quiché de Guatemala.

6. La preocupación por los niños se discutió en la Convención de Ginebra, _____ se adoptó una nueva medida a favor de sus derechos.

7. Sobre estos temas es bueno consultar el sitio de la UNESCO, _____ páginas en el Internet están muy bien documentadas.

⁎ ACTIVIDAD 2   Unión de ideas   Une las siguientes ideas en una sola oración usando los pronombres relativos **que, quien(es), lo que** y **cuyo/a/os/as**.

Ejemplo: El líder le habló al público con emoción. El líder vino de California.

El líder, que vino de California, le habló al público con emoción.

(*O El líder que vino de California le habló al público con emoción.*)

1. Te presté el libro. Compré el libro en Nicaragua.

_____

2. Esa es la profesora del curso de género. Con esa profesora estudiamos diferentes movimientos feministas.

_____

3. Préstame la revista. Tienes la revista de música tropical.

_____

4. La actuación fue muy buena. Me gustó eso más en la película.

_____

5. Los indígenas nos recibieron con mucha amabilidad. Sus artesanías son muy famosas.

_____

ACTIVIDAD 3 **Más pronombres relativos** Completa el siguiente párrafo con los pronombres relativos **que, cuyo, quien(es), donde** o **lo que.**

Esta tarde llega la profesora Martínez, a _____[1] tuve el placer de conocer en el último congreso de historiadores. Martínez, _____[2] trabajo se centra en investigaciones antropológicas en comunidades indígenas en los Andes, viene a presentar datos sobre su último proyecto en el Perú, _____[3] estuvo investigando por seis meses. Durante los meses _____[4] vivió allá, tuvo la oportunidad de convivir con mujeres indígenas. _____[5] a ella le interesaba observar era la participación de las mujeres en organizaciones comunitarias. Para su sorpresa, la mayoría de las mujeres _____[6] entrevistó pertenecían a alguna organización comunitaria o política. Las investigaciones de la profesora Martínez se distinguen (*stand out*) porque siempre logran presentar aspectos de las comunidades marginadas _____[7] no han sido estudiadas desde la perspectiva de las mujeres. Por eso estoy tan interesada en asistir a la conferencia _____[8] va a dictar (*present*) esta tarde. La manera en _____[9] ella presenta la información siempre reta (*challenges*) las nociones _____[10] el público pueda tener sobre cualquier tema. La originalidad de su trabajo consiste en que ella combina el testimonio de sus informantes con los estudios _____[11] se han hecho anteriormente, para así darnos una visión más completa de la situación de una comunidad determinada.

AUTOPRUEBA **Los derechos de los indígenas en Colombia** Completa el siguiente párrafo con la forma correcta del presente o presente perfecto de indicativo o subjuntivo de los verbos que están entre paréntesis. Escoge el pronombre relativo correcto cuando sea necesario.

La Convención Interamericana de Derechos Humanos _____[1] (analizar) la situación de 600.000 indígenas de Colombia. Como resultado de esa gestión (*effort*), estos ciudadanos _____[2] (recibir) el reconocimiento de la Constitución colombiana para que se les garanticen sus derechos culturales y políticos. Es importante que la lucha de las comunidades indígenas _____[3] (lograr) representación

(*Continues*)

política a través de la creación de sus propias organizaciones y partidos políticos. Quizás lo más interesante es que estas comunidades ya _____4 (establecer) negociaciones con corporaciones fuera del país. Esta tendencia _____5 (responder) al aumento del comercio internacional _____6 (que / donde) se _____7 (ver) a nivel global en los últimos años. En ese sentido, es inevitable que las comunidades indígenas _____8 (desarrollar) alianzas y confederaciones _____9 (que / quien) van más allá de la economía nacional. Ahora el gobierno colombiano también _____10 (tratar) de incorporar estrategias _____11 (el cual / cuyo) fin (goal) sea vincular (to connect) las comunidades a los programas de desarrollo social y económico del país. Para poner en práctica esas medidas, el gobierno ya _____12 (aprobar) leyes que _____13 (hacer) legítimos los derechos de los indígenas. _____14 (lo cual / lo que) llama la atención de estas acciones es que _____15 (crear) la necesidad de que más indígenas aspiren a una formación profesional. Después de todo, será a ellos a _____16 (que / quienes) corresponda trabajar por sus comunidades en el futuro.

¿Cuándo se dice?   Cómo se expresan to go y to leave

ir	to go somewhere (requires a specific destination)	Este año queremos ir a las Islas Galápagos para las vacaciones.
irse	to leave, (destination not specified or emphasized)	**¡Me voy!** Ya no puedo soportarlo.
salir salir de/para	to leave; to depart to leave from/to	El vuelo **sale** a las 8:30. La expedición **salió de** Puerto Montt **para** la Antártida. El activista no puede **salir del** país.
partir	to leave to depart (more formal than **salir**)	El tren **partió** sin pasajeros.
dejar	to leave, abandon someone/something	¡No **dejes** los libros en el carro! ¡No me **dejen** sola!

✳ PRÁCTICA   Elige la mejor traducción para cada uno de los siguientes títulos de libros.

1. *I'm leaving! How to Leave an Abusive Relationship* (autoayuda)

    a. *¡Voy! Cómo salir para una relación abusiva*

    b. *¡Me voy! Cómo dejar una relación abusiva*

2. *Birds That Leave in the Fall* (poesía)

    a. *Los pájaros que se van en el otoño*

    b. *Los pájaros que van en el otoño*

3. *Don't Ever Leave Me!* (novela)

    a. *¡No salgas nunca!*

    b. *¡No me dejes nunca!*

4. *Leaving with Just a Backpack* (viaje)

    a. *Salir con solo una mochila*

    b. *Ir con solo una mochila*

MÁS personal

Actividad 1   Tus definiciones Define con tus propias palabras los siguientes términos.

1. voz _____

2. mudo _____

3. analfabetismo _____

4. libertad _____

5. mejorar _____

ACTIVIDAD 2 **¿Tú qué piensas?** Escribe oraciones sobre tres eventos importantes que hayan ocurrido recientemente en tu país, tu ciudad o tu universidad y expresa tu reacción sobre cada uno. Usa el presente perfecto de subjuntivo.

Ejemplo: *El precio de la gasolina ha aumentado mucho en los últimos meses. Es*
increíble que el precio de la gasolina haya subido tanto.

1. _____

2. _____

3. _____

Práctica auditiva

Pronunciación y ortografía

La pronunciación de la *d* y la *t*
The letters *d* and *t* are present in both Spanish and English, and much of the time they sound similar in the two languages. However, there are several key differences that distinguish the Spanish pronunciation of *d* and *t* from the English articulation of these two letters.

   One of those differences is evident in the position of the tongue. In English, during the production of *d* and *t*, the tip and the sides of the tongue touch the alveolar ridge located between the upper teeth and the hard palate. In Spanish, when pronouncing **d** and **t**, the front part of the tongue touches the upper teeth instead of the alveolar ridge. To find this position, imagine you are going to pronounce the English word *then*. Position your tongue to pronounce this word, but do not say it. Instead, try saying the Spanish letters **d (de)** and **t (te)**. Listen and repeat the following Spanish words, directing your tongue towards the upper teeth.

dama	**d**ice	**t**oma	**t**ela

La pronunciación de la *d*
In terms of mode of production, the Spanish letter **d** is pronounced in two manners. It is pronounced strongly, with an explosive-like nature, similar to the English *d* in words *dog* and *dad*, when it appears in the following positions.

- at the beginning of a sentence
- after a pause (indicated by a period or a comma in writing)
- after the letters **l** or **n** (either in the same word or between two words)

Listen and repeat the following words, modeling the strong pronunciation of the letter **d**.

dámelo   **aldea**   **un día**

In all other contexts (such as between two vowel sounds, after a consonant other than **l** or **n**, or at the end of words) the letter **d** is pronounced in a softer manner, lacking the tense air release that is present in the previously described **d** articulation. When producing the soft **d**, the front part of the tongue moves toward the upper teeth, but does not make contact with them, leaving a small opening through which the air flows without obstruction. A similar soft **d** sound is also present in English, represented by letters *th* in words *that* and *smooth*. Listen and repeat the following words imitating the soft **d** articulation.

la danza   **nada**   **generosidad**   **perdón**

La pronunciación de la *t*

The Spanish **t** is also pronounced differently from the English *t*. When positioned at the beginning of a word, the English letter *t* is pronounced with an aspiration—a great amount of air flowing from the mouth as the tongue touches the upper ridge. In Spanish, on the other hand, when **t** is pronounced, not much air escapes the mouth as the tongue makes contact with the upper teeth. The Spanish **t** sound resembles more closely the English *t* in words *stop* and *steam* and not the English *t* in words *tool and take*. Listen and repeat the following words ensuring that the Spanish **t** does not have an aspiration.

tanto   **Tito**

Evitar la vibrante simple (flap)

Finally, it is very important to avoid transferring to Spanish the *flap* (**la vibrante simple**) that occurs in American English when the letters *d* and *t* appear in words such as *coded* and *water*. This *flap* sounds more like the Spanish **r**, which can lead to misunderstandings, especially with words that change meaning if **d** or **t** is replaced by **r**, such as in the following examples: **todo / toro, pata / para**. Listen and repeat the following words, avoiding the *flapped* articulation of **d** and **t**.

codo   **mudo**   **data**   **lata**

For each number, you will hear a pair of words. Listen carefully and then decide if the word you see matches letter A or letter B:

		A	B			A	B
1.	todito	☐	☐	6. muro		☐	☐
2.	cara	☐	☐	7. modal		☐	☐
3.	varo	☐	☐	8. vera		☐	☐
4.	cedo	☐	☐	9. meto		☐	☐
5.	pita	☐	☐	10. cedilla		☐	☐

¡A grabar!

Listen to the following paragraph, then record yourself reading it out loud, modeling the Spanish pronunciation of letters **d** and **t**.

La educación universitaria es muy importante para mí. Puedo asistir a muchas clases interesantes y aprender tantas cosas teóricas como prácticas que me van a ayudar a encontrar un trabajo importante y bien pagado en el futuro. A veces, no me gustan las asignaturas troncales, o sea, los cursos obligatorios que todos los estudiantes necesitan tomar, pero sé que todo tipo de conocimiento es significativo y poderoso y que va a ayudar en mi carrera. Además, todavía tengo la oportunidad de matricularme en clases optativas de varias facultades que me dan créditos de libre configuración y complementan mis estudios. La vida estudiantil no es fácil porque necesito estudiar y trabajar muy duro cada día, pero también es una experiencia verdaderamente extraordinaria.

* Cultura   Reconocimiento a mujeres que han luchado en contra de las injusticias

Escucha el texto y completa la actividad que sigue. Vas a escuchar el texto dos veces.

Vocabulario útil

la mariposa	*butterfly*
de hecho	*in fact*
el hecho histórico	*historic event*

¿Entendiste?   Completa el resumen del texto que acabas de oír con la información necesaria.

El 25 de noviembre ha _____[1] declarado el «Día Internacional de la Eliminación de la Violencia contra la Mujer». Esta _____[2] se ha escogido en conmemoración de las _____[3] Mirabal de la República Dominicana, _____[4] fueron asesinadas por el dictador Rafael Leónidas Trujillo. Las experiencias políticas de las Mariposas, como se les conoce a las hermanas Mirabal, han _____[5] de inspiración a muchos escritores. Una escritora es Julia Álvarez, quien piensa que «estas hermanas que _____[6] contra un tirano, sirven de _____[7] para las mujeres que luchan contra toda clase de _____[8]».

Las Hermanas Mirabal, *de la artista estadounidense Erin Currier, está hecho de materiales reciclados.*
©Erin Currier/Blue Rain Gallery, Santa Fe, NM, http://www.erincurrierfineart.com

✱ Circunlocución: Cuando no conocemos la palabra exacta

Empareja cada una de las tres definiciones que vas a escuchar con el dibujo y palabra correspondientes. Vas a escuchar cada definición dos veces. Luego escribe tu propia definición de la última palabra.

Todas estas palabras están relacionadas con una manifestación y con la política en general.

A. la multitud   **B. el altavoz**   **C. el vocero**   **D. el lema**

1. _____   2. _____   3. _____

Tu definición:

_____

_____

América: pueblos y herencias en contacto

10

Práctica escrita

Palabras

[*] **ACTIVIDAD 1**   **Definiciones**   Escribe la palabra correspondiente a cada definición.

1. Encontrar lo que estaba ignorado o escondido: _____

2. Proteger algo o a alguien de un ataque: _____

3. Personas de la familia que vivieron hace mucho tiempo, varias generaciones antes: _____

4. Sinónimo de evolución o transformación: _____

5. Lo contrario de antepasado: _____

6. Algo que se recibe de la familia; puede ser material, como dinero o posesiones, o una tradición cultural: _____

7. Grupo de personas de un lugar: _____

8. Acto de coincidir en un lugar y un momento; puede ser sinónimo de reunión: _____

* ACTIVIDAD 2   La palabra que falta   Completa las siguientes oraciones con las palabras de la lista.

acontecimiento   era   fecha   principio   destacar   época   milenio   siglo

1. En el _____ XV se produjo el encuentro entre Europa y América.

2. En el año 2000 empezó un nuevo _____.

3. ¿Cuál es tu _____ de nacimiento?

4. La juventud es una _____ de la vida en que se hacen muchas locuras.

5. En el año 1400 e. c. se inició la _____ de los descubrimientos.

6. Es importante _____ que en los Estados Unidos hay más de 50 millones de habitantes de ascendencia hispana.

7. Al _____ de cada capítulo siempre aprendemos vocabulario nuevo.

8. Sin duda, la llegada de Cristóbal Colón a América fue un _____ transcendental en la historia universal.

* Actividad 3   La palabra intrusa   Marca la palabra menos lógica en relación a cada idea.

1. los españoles en América en el siglo XVI:	dominar	recordar	conquistar
2. una excavación arqueológica:	ruinas	pirámides	porcentaje
3. la historia de una persona:	desarrollar	descender de	heredar
4. las estadísticas:	porcentaje	cifra	llegada
5. los viajes:	salida	llegada	acontecimiento
6. descripción de la América del siglo XIV:	ancestral	precolombina	actual
7. el mestizaje:	mezclar	destacar	heredar

Estructuras

23. El imperfecto de subjuntivo

* **ACTIVIDAD 1** **Cuadro de verbos** Completa la conjugación de los verbos en el imperfecto de subjuntivo.

	yo	tú	él/ella/Ud.	nosotros	vosotros	ellos/ellas/Uds.
	pensara pensase					
		comieras comieses				
				fuéramos fuésemos		
					hicierais hicieseis	
						pusieran pusiesen
dar						
estar						

* **ACTIVIDAD 2** **La leyenda de Enriquillo** Completa el siguiente párrafo con la forma correcta del imperfecto de subjuntivo de los verbos de la lista.

expresar	llegar	recibir	ser	traer
haber	ocurrir	saber	tener	unir

Cuando comencé a estudiar la historia de la colonización de América, nunca imaginé

que _____ [1] leyendas tan interesantes sobre la resistencia de las culturas

indígenas. Por ejemplo, me sorprendió que _____ [2] un acto de rebelión en

la isla de La Española* en el siglo XVI. Su líder fue Enriquillo. Es fascinante que Guarocuya

(el nombre verdadero de Enriquillo antes de su bautismo) _____ [3] una

educación como si _____ [4] europeo, aunque en realidad era hijo de un

cacique (*chief*) indígena. Enriquillo creció entre religiosos españoles, pero no creía que los

españoles _____ [5] derecho a explotar a los indígenas. Por eso, Enriquillo

(Continues)

*Durante la primera época de la conquista, así se llamaba la isla donde hoy en día están la República Dominicana y Haití.

les pidió a los otros líderes indígenas que se _____⁶ a la rebelión contra

los españoles. Aunque murieron muchos indígenas, el desastre de la batalla no impidió

que Enriquillo _____⁷ a ser una figura muy importante en la cultura de la

República Dominicana. De hecho, fray (*Friar*) Bartolomé de las Casas dedicó tres capítulos

de su *Historia de las Indias* a describir la sublevación del cacique. Luego, la historia de

Enriquillo se convirtió en una leyenda de la literatura dominicana, porque permitió que

los escritores _____⁸ el tema de la libertad nacional. Me alegro de que la

profesora _____⁹ la información a clase porque no conocía a nadie que

_____¹⁰ sobre esa leyenda.

* **ACTIVIDAD 3** **¿Presente o pasado?** Completa las siguientes oraciones con la forma correcta del presente o el imperfecto de subjuntivo.

1. Cristóbal Colón dudaba que _____ (existir) más tierras al otro lado del Océano Atlántico.

2. —Lamento que no _____ (poder) visitar las ruinas mayas en tu último viaje.
   —Yo también, pero las visitaré en mi próximo viaje en junio.

3. Los indígenas latinoamericanos veían a los dioses como si _____ (ser) parte de la naturaleza.

4. Los arqueólogos no están seguros de que estas piezas de arte _____ (pertenecer) a la época precolombina.

5. No me gustó que el profesor de historia nos _____ (decir) que teníamos que leer doce capítulos para el examen.

6. La profesora siempre se asegura de que nosotros _____ (terminar) el trabajo de laboratorio antes de la prueba.

7. En la clase de arte, siempre me gustaba que el profesor _____ (hablar) de sus viajes por Centroamérica.

8. Mis compañeros no compartían sus apuntes de clase conmigo a menos que yo _____ (estudiar) con ellos para el examen final.

24. El condicional

* **ACTIVIDAD 1** **El condicional** Conjuga los verbos en el condicional.

	yo	tú	él/ella/Ud.	nosotros	vosotros	ellos/ellas/Uds.
viajar						
venir						
salir						
poner						
hacer						
decir						

* **ACTIVIDAD 2** **El turista educado** Completa las siguientes preguntas con un verbo de la lista, usando la forma correcta del condicional para expresar cortesía.

gustar   poder   querer   recomendar   ser

1. No sé cómo llegar al museo de historia. ¿_____ Ud. decirme cómo llegar?

2. ¿Qué restaurante me _____ Ud. para comer?

3. Necesitamos cambiar dinero. ¿Cuál _____ el lugar de cambio más cercano?

4. Como tú hablas bien el idioma de esa comunidad indígena, ¿_____ acompañarme a visitarla?

5. Quiero conocer otras partes de la ciudad. ¿A Uds. les _____ venir conmigo?

* ACTIVIDAD 3 Situaciones hipotéticas Completa las oraciones con la forma correcta del imperfecto de subjuntivo o el condicional de los verbos que están entre paréntesis.

Ejemplo: Si *supiéramos* todas las respuestas, no *estudiaríamos* el imperfecto de subjuntivo y el condicional.

1. Si los estudios arqueológicos no _____ (ser) tan exhaustivos, nosotros no _____ (saber) el origen de los primeros indígenas del Caribe.

2. Quizás _____ (nosotros: tener) otra versión de la conquista si los investigadores _____ (encontrar) documentos escritos de los indígenas.

3. Si no se _____ (seguir) estudiando las ruinas mesoamericanas, _____ (nosotros: quedarse) sin saber muchos detalles de sus civilizaciones indígenas.

4. Los arqueólogos no _____ (conocer) las fechas en las que vivieron las civilizaciones primitivas si no _____ (usar) el radiocarbono en sus investigaciones.

5. Los estudiantes no _____ (saber) mucho sobre la historia de la conquista de América por los europeos si no _____ (estudiar) historia en la escuela secundaria.

6. Si _____ (nosotros: interpretar) la naturaleza como los indígenas, _____ (ver) el mundo desde otra perspectiva.

* **AUTOPRUEBA** **Los taínos** Completa el párrafo con la forma correcta del presente, presente perfecto o imperfecto de indicativo o subjuntivo, o del condicional de los verbos que están entre paréntesis.

Es posible que en algún momento tú _____[1] (oír) hablar de los taínos.

_____[2] (ser) los habitantes que encontraron los españoles en América en

1492. Cuando Cristóbal Colón empezó su viaje nunca pensó que _____[3] (ir) a

encontrar una cultura como esa. Es obvio que los españoles no _____[4] (saber)

nada de las costumbres de este grupo indígena, aunque _____[5] (conocer) las

costumbres de otros grupos étnicos, como los judíos y los árabes. Además, los conquistadores

pensaban que _____[6] (ser) poco probable que personas sin ropa y con

muchos dioses _____[7] (ser) personas civilizadas. La visión medieval del

mundo no permitió que los taínos y los españoles _____[8] (tener) un encuentro

armonioso. Además, el mundo de los taínos _____[9] (estar) basado en una

cosmología diferente a la de los europeos. Los mitos, las historias y las tradiciones de los

taínos _____[10] (transmitirse) a través de bailes ceremoniales llamados *areytos*.

A los españoles les sorprendió que los indígenas _____[11] (utilizar) prácticas

paganas en sus ritos. Dadas sus diferencias religiosas, _____[12] (ser) dudoso

que los españoles y los taínos _____[13] (intercambiar) expresiones culturales en

ese momento de la historia.

¿Cuándo se dice?   Significados de la palabra *time*

tiempo	*time* (undetermined period)	¡Cómo pasa el **tiempo**! Cuando tengas **tiempo**, me gustaría hablar contigo.
hora **la hora de**	*hour* *time* (by the clock) *the moment or time to/for something*	Sesenta minutos son una **hora.** ¿Qué hora es? Es **la hora de** trabajar.
rato	*while, short period of time*	Vuelvo en un **rato.**
vez **a veces**	*time, occasion* *sometimes*	Esta **vez** no digas nada. Lo hice una sola **vez.** **A veces** me llama cuando necesita dinero.
época/tiempos	*old times*	En esa **época** / En esos **tiempos** yo era muy pequeña.

* **PRÁCTICA**   Imagínate que tu trabajo es doblar (*dubbing*) películas al español. Estas son algunas de las frases de películas en inglés que debes doblar para las versiones hispanas. Indica la mejor traducción para cada caso.

1. *I only fell in love one time, and it was with you.*

   a. Sólo me he enamorado una vez y fue de ti.

   b. Sólo me he enamorado un tiempo y fue de ti.

2. *Let's go! It's time to win this game.*

   a. ¡Vamos! Es hora de ganar este partido.

   b. ¡Vamos! Es tiempo de ganar este partido.

3. *In those times, I couldn't understand the meaning of the word love.*

   a. En aquellas horas, no podía entender el significado de la palabra amor.

   b. En aquella época, no podía entender el significado de la palabra amor.

4. *How many times do I have to tell you that I cannot live like this?*

   a. ¿Cuánto tiempo tengo que decirte que no puedo vivir así?

   b. ¿Cuántas veces tengo que decirte que no puedo vivir así?

5. *I don't care what time it is!*

   a. ¡No me importa qué hora es!

   b. ¡No me importa qué tiempo hace!

MÁS personal

⁎ ACTIVIDAD 1 **La fotografía** Escribe un breve párrafo sobre esta fotografía
incluyendo cinco palabras de la sección **Palabras**. Sé creativo/a.

©Brand X Pictures/PunchStock RF

_____

_____

_____

_____

ACTIVIDAD 2 **¿Cuánto sabes de historia?** Completa las siguientes oraciones de manera lógica, según lo que sabes de historia.

1. América fue un continente prácticamente desconocido para los europeos hasta que...

   _____

2. América no era un punto de encuentro multirracial antes de que...

   _____

3. La gran presencia africana en el Caribe quizá no existiría sin... que...

   _____

4. Yo vine a la universidad para...

   _____

5. Me gustaría hablar español como si...

   _____

ACTIVIDAD 3 **Situaciones hipotéticas** Escribe tres situaciones con respecto a los temas que se ofrecen usando cláusulas con **si** y el imperfecto de subjuntivo.

Ejemplo: tu vida en la universidad →

   Si no hubiera cursos de requisito en la universidad, no tomaría ninguna
   clase de matemáticas.

1. tu vida en la universidad

   _____

2. tu vida familiar

   _____

3. tu vida social y sentimental

   _____

4. tu país

   _____

Práctica auditiva

Pronunciación y ortografía

La pronunciación de la *p, t, c, k y qu*

In this section, we will discuss the production of the Spanish sounds associated with the letters **p, t, c** (when followed by vowels **a, u, o**), **k** and **qu**. These sounds belong to a special group of consonants called "stops" or "plosives." They earned such names because during their production the airflow is first stopped and then released in a burst or a plosion. These sounds are present in both Spanish and English, but they are articulated differently in the two languages.

In English, when a stop or plosive appears at the beginning of a word, it is aspirated, meaning that the burst of air that is released is long and audible. Listen and repeat the following English words, noting the long aspiration.

   <u>p</u>ool   <u>t</u>able   <u>c</u>ost

However, there are also contexts where the English plosive consonants are not aspirated, meaning that the amount of air that is released in a burst is smaller and less audible. Listen to the following examples, noticing the lack of aspiration when a plosive appears after the letter *s*.

   s<u>p</u>ot   s<u>t</u>op   S<u>c</u>ot

In Spanish, plosives are always pronounced without aspiration in all contexts and the air that flows from the mouth during their production is minimal, similar to the second group of English words you have just heard. Listen and repeat the following Spanish words, avoiding aspiration.

<u>p</u>an	<u>p</u>risa	<u>c</u>ol	<u>c</u>úbi<u>c</u>o	<u>k</u>ilo	<u>k</u>aya<u>k</u>
<u>t</u>an	ins<u>t</u>ante	<u>qu</u>eso	a<u>qu</u>í		

(Continues)

While the letters **p, c , k** and **qu** have the same place of articulation in both Spanish and English, the letter **t** has a different tongue position in the two languages. In English, when producing *t*, the front and the sides of the tongue touch the ridge located between the upper teeth and the hard palate. In Spanish, the front part of the tongue is positioned to touch the upper teeth, instead of the ridge. Listen and repeat the following words, directing your tongue towards the upper teeth:

total   **tuteo**

Finally, it is very important to remember that in Spanish the letter **t** is always pronounced as **t**. While in American English there is a feature called a "flap" where *t* in words such as *later* and *water* sounds more like the Spanish **r**, in Spanish, there is no such phenomenon. Transferring the "flap" feature from English to Spanish can lead to miscommunication, especially with words that change meaning when **t** is replaced by **r** (por ejemplo: **pata** vs. **para**).

[*] **ACTIVIDAD PRÁCTICA**   Listen carefully to each word, and then choose whether you hear the Spanish or English word.

SPANISH	ENGLISH
1. □ a. tú	□ b. two
2. □ a. col	□ b. call
3. □ a. por	□ b. pour
4. □ a. tan	□ b. ton
5. □ a. con	□ b. con
6. □ a. pita	□ b. pita
7. □ a. tutor	□ b. tutor
8. □ a. póquer	□ b. poker
9. □ a. tos	□ b. toss
10. □ a. que	□ b. cay

¡A grabar!

Listen to the following paragraph, then record yourself reading it out loud.

Mi tía Cristina es la hermana de mi papá. Vive en una casa pequeñita cerca de un pintoresco parque. Tiene dos hijos, mi prima Pepa y mi primo Quique. Pepa tiene trece años y Quique tiene quince, pero ya es tan alto como su papá. Cuando los visito, nosotros típicamente jugamos con su perro Koala. Es de color negro. Después probamos los ricos platos picantes y los queques de kiwi preparados por su mamá. Tía Kristina es una cocinera muy talentosa y siempre prepara varios tipos de comida gustosa. Después de comer, nos gusta tomar una copa de cacao caliente y platicar. Nuestro tío Carlos siempre nos cuenta historias familiares interesantísimas. ¡Me encanta pasar tiempo con mis parientes!

⊡ Cultura   El Inca Garcilaso de la Vega: Un ejemplo de mestizaje temprano

Escucha el texto y completa la actividad que sigue. Vas a escuchar el texto dos veces.

©J.Bedmar/Iberfoto/The Image Works

Vocabulario útil

la corona	*crown (royal government)*
recoger	*to gather*
tratar de	*to try to*
temprano/a	*early (adj.)*

¿Entendiste? Completa el resumen del texto que acabas de oír con la información necesaria.

El nombre original del Inca Garcilaso de la Vega era _____[1] Suárez de Figueroa. Su padre era un español de familia noble que participó en la conquista del _____,[2] y su madre una princesa _____.[3] Nació en el año _____[4] en la ciudad de _____.[5] Era bilingüe, porque hablaba español y _____.[6] Cuando tenía _____[7] años se fue a España, donde viviría el resto de su vida.

El Inca Garcilaso es importante por ser un _____[8] que escribió sobre los incas y la conquista del Perú por los españoles. Una de sus obras más famosas se titula _____[9] *Reales de los Incas.* El Inca Garcilaso es también importante por ser un ejemplo temprano del _____[10] que es característico del continente americano.

Circunlocución: Cuando no conocemos la palabra exacta

Empareja cada una de las tres definiciones que vas a escuchar con el dibujo y palabra correspondientes. Vas a escuchar cada definición dos veces. Luego escribe tu propia definición de la última palabra.

Las palabras de esta sección representan cuatro prendas tradicionales de vestir de diferentes países o regiones del mundo hispanohablante. Es muy posible que las hayas visto antes.

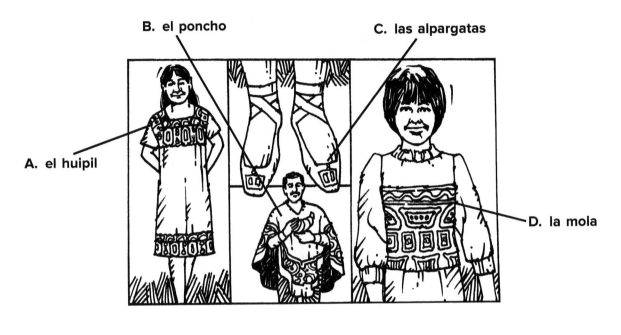

B. el poncho

C. las alpargatas

A. el huipil

D. la mola

1. _____

2. _____

3. _____

Tu definición:

_____

_____

Las grandes transformaciones urbanas 11

Práctica escrita

Palabras

ACTIVIDAD 1   **Espacios**   Escribe el espacio o lugar de la lista que asocias con las siguientes personas u objetos.

la acera
la autopista
el ayuntamiento

la catedral
el castillo
el municipio

la oficina de correos
el puerto
el rascacielos

el río

1. la alcaldesa _____

2. los peatones _____

3. los habitantes _____

4. los barcos _____

5. las señales de tráfico _____

6. las torres de defensa _____

7. las cartas y los paquetes _____

8. los puentes _____

9. una bella fachada religiosa _____

10. oficinas con vistas de la ciudad _____

1. _____

©Imágenes del Perú/Getty Images RF

2. _____

©Image Source RF

3. _____

©Rodrigo Torres/Glow Images RF

4. _____

©Iconotec/Alamy RF

5. _____

©Rodrigo Torres/Glow Images RF

6. _____

©Pixtal/agefotostock RF

7. _____

8. _____

©Paolo Gallo/Shutterstock RF

©Rodrigo Torres/Glow Images RF

* **ACTIVIDAD 3**   **Ciudades justas y sostenibles**   Completa las siguientes oraciones
con una palabra de la lista. ¡OJO! En algunos casos, hay dos respuestas posibles.

bienestar	diseñar	origen	tener
brecha	expandir	reclamar	urbanizar
cuenta	falta	surgir	

Una ciudad moderna debe intentar ser justa, es decir, ofrecer servicios que aseguren el

_____[1] del mayor número de sus habitantes y que no aumenten la _____[2]

social.

_____[3] zonas rurales o residenciales sin _____[4] en cuenta las rutas

de acceso da _____[5] a graves problemas de tráfico. Por eso es importante

_____[6] bien los nuevos barrios periféricos.

Para que no empeore (*worsens*) la situación medioambiental, los ciudadanos debemos

_____[7] más leyes de nuestros gobiernos para proteger y _____[8] los

parques y zonas verdes. También hace _____[9] reducir el tráfico de vehículos

privados.

Lo bueno es que muchos ayuntamientos se están dando _____[10] de la

importancia de tener ciudades justas y verdes para la salud de sus ciudadanos. Muchos

expertos confían en que van a _____[11] más modelos urbanísticos positivos en el

futuro.

ACTIVIDAD 4 **Unión de ideas** Une las siguientes ideas con un conector apropiado.

de hecho	no obstante	o sea
por consiguiente	por otro lado	por un lado

1. La información del gráfico sobre densidad de población en las ciudades más importantes es correcta. _____, me parece un gráfico muy claro. _____, creo que se necesita otro gráfico que indique el número de metros cuadrados verdes por habitante en esas ciudades.

2. Los encargados del plan urbanístico dicen que todavía están consultando a diferentes grupos. _____, que el proyecto no se va a terminar en el plazo original.

3. La nueva zona industrial es un desastre. _____, las rutas de acceso son muy pequeñas y _____ no hay buen servicio de transporte urbano. _____, siempre hay problemas de tráfico.

Estructuras

25. El pasado perfecto o pluscuamperfecto de subjuntivo

ACTIVIDAD 1 **De Tenochtitlan a la Ciudad de México** Completa las oraciones con la forma correcta del pluscuamperfecto de subjuntivo.

1. Cuando Hernán Cortés llegó a Tenochtitlan, la capital del imperio azteca, no podía creer que _____ (surgir) una ciudad tan impresionante en América.

2. Sin que se _____ (desarrollar) una civilización avanzada como la de los aztecas, no habría sido posible crear una ciudad como Technochtitlan.

3. Los aztecas habían llegado del norte, y según sus creencias, tenían que fundar la ciudad en un lugar donde _____ (ver) un águila en un cactus.

4. Los españoles decidieron quedarse en la ciudad imperial azteca. Habría sido extraño si no se _____ (establecerse) en una ciudad tan desarrollada.

5. Si Cortés no le _____ (escribir) una carta dándole detalles de Technochtitlan, el rey de España nunca habría podido imaginarla.

ACTIVIDAD 2 **San Agustín, Florida** Completa las siguientes oraciones con la forma correcta del pluscuamperfecto de indicativo o de subjuntivo.

Cuarenta y dos años antes de que los ingleses se establecieran en Jamestown, los españoles ya _____[1] (fundar) la ciudad de San Agustín. Su fundador fue Pedro Menéndez de Avilés, el cual _____[2] (llegar) a Florida a luchar contra los piratas franceses que se _____ ³ (establecer) en esa zona. Los franceses

_____ ⁴ (construir) los primeros establecimientos europeos en la zona de

Carolina del Sur y Florida, pero estos no duraron mucho tiempo. En 1565, Menéndez de Avilés

les ganó a los franceses y fundó la ciudad que llamó San Agustín de la Florida. Para su éxito,

fue muy bueno que él _____ ⁵ (hacer) contacto con los timucuas, un grupo

indígena local, quienes lo ayudaron.

Cincuenta años antes de la llegada de Menéndez Avilés, otros conquistadores

españoles, como Ponce de León, _____ ⁶ (explorar) Florida buscando la

fuente de la eterna juventud. Probablemente fue una gran decepción para todos que no

la _____ ⁷ (encontrar). Como todo el mundo sabe, los conquistadores

recorrieron (*went all over*) el continente americano buscando oro. Por eso no es sorprendente

que tantos conquistadores murieran violentamente y pobres sin que _____ ⁸

(descubrir) las riquezas míticas que deseaban, aunque sí encontraron tierras y culturas

magníficas.

[*] **ACTIVIDAD 3**   **Deseos**   Completa los siguientes deseos, basados en las
situaciones que los preceden. Recuerda que debes utilizar el presente de subjuntivo
para los deseos posibles, el imperfecto de subjuntivo para los deseos poco probables y
el pluscuamperfecto de subjuntivo para los deseos imposibles.

Ejemplo: No encuentro el cuaderno de la clase de historia colonial. (deseo posible) Ojalá
que lo *encuentre* pronto.

1. Me encantaría trabajar y vivir en una capital sudamericana justo después de
   graduarme. (deseo poco probable)
   Ojalá que _____ (poder) encontrar un trabajo en Buenos Aires o Lima.

2. Quería trabajar en Latinoamérica el verano pasado, pero no pude. (deseo imposible)
   Ojalá que _____ (encontrar) un trabajo allí.

3. Quiero ir a un país hispanohablante pronto. (deseo posible)
   Ojalá que _____ (ir) el próximo año.

(Continues)

4. Me gustaría dominar el español en este momento. (deseo poco probable)

Ojalá que _____ (saber) hablar perfectamente ya.

5. Me gustaría haber aprendido a hablar en español en la infancia. (deseo imposible)

Ojalá que _____ (crecer) en una familia bilingüe.

6. Querría haber aprendido más español en la escuela secundaria. (deseo imposible)

Ojalá que _____ (tomar) clases más avanzadas en la secundaria.

26. El condicional perfecto

* **ACTIVIDAD 1** **Situaciones hipotéticas sin realizar** Completa las siguientes oraciones hipotéticas en el pasado con la forma correcta del condicional perfecto o el pluscuamperfecto de subjuntivo de los verbos que están entre paréntesis.

1. Me _____ (alegrar) de que los estudiantes hubieran hecho ese viaje.

2. Habría sido una lástima que tú no _____ (visitar) la ciudad colonial.

3. A la profesora le habría sorprendido que nosotros _____ (recordar) todas las fechas de los viajes de Colón.

4. Al guía le _____ (gustar) que los turistas hubieran admirado la arquitectura de la ciudad.

5. Habría sido preciso (*necessary*) que los estudiantes _____ (observar) los detalles barrocos de la iglesia.

6. Aunque el problema hubiera sido difícil, nosotros lo _____ (solucionar).

7. Habría ido con Uds. con tal que nosotros _____ (regresar) temprano.

8. El diplomático _____ (necesitar) un programa de inmersión en el que le hubieran enseñado a hablar español mucho mejor.

* **ACTIVIDAD 2** **La historia habría sido otra si...** Completa las oraciones con las formas apropiadas del pluscuamperfecto de subjuntivo y el condicional perfecto de los verbos que están entre paréntesis.

Ejemplo: Si Cristóbal Colón no *hubiera pedido* (pedir) financiamiento a los Reyes Católicos, no *habría comenzado* (comenzar) la conquista en el siglo XV.

1. Si los franceses _____ (llegar) antes que los españoles a América, las colonias _____ (luchar) por la independencia de Francia.

2. Los españoles no _____ (poder) sobrevivir los ataques de los extranjeros si no _____ (construir) los fuertes (*forts*).

3. Muchas ciudades californianas no _____ (recibir) nombres en español si los españoles no _____ (construir) las misiones en el suroeste de los Estados Unidos.

4. Las ciudades americanas no _____ (tener) iglesias y catedrales sino otros tipos de templos y lugares espirituales si los europeos no _____ (conseguir) dominar el continente.

5. Si tú _____ (visitar) la Plaza de Armas, _____ (ver) mucha gente paseando y disfrutando de su tiempo libre.

[*] **ACTIVIDAD 3** **El corsario Miguel Henríquez** Completa el párrafo con la forma correcta del imperfecto o pluscuamperfecto de subjuntivo, o del condicional perfecto de los verbos que están entre paréntesis.

Cuando el profesor nos pidió que _____[1] (investigar) sobre los corsarios (*privateers*) del Caribe, nunca pensé que _____[2] (existir) una historia tan fascinante como la de Miguel Henríquez. Me parece muy interesante que un zapatero mestizo _____[3] (convertirse) en un hombre de mucho poder durante el siglo XVIII en Puerto Rico. De hecho, Henríquez llegó a ser uno de los hombres más ricos de la isla, y es muy probable que _____[4] (hacer) su fortuna gracias al contrabando (*smuggling*). Pero es lógico imaginar que los españoles _____[5] (apoyar) a Henríquez en sus negocios a cambio de (*in exchange for*) protección contra los ataques extranjeros. Durante una de las invasiones de los ingleses, Henríquez organizó una expedición y le pidió a un grupo de negros libres que lo _____[6] (acompañar) a defender la isla. Es curioso que el inteligente y bravo Henríquez _____[7] (morir) sin fortuna y de manera misteriosa. Ojalá que yo _____[8] (descubrir) esta historia antes. Si la _____[9] (saber) antes, _____[10] (escribir) el ensayo final de la clase sobre la participación de Miguel Henríquez en la historia colonial del Caribe.

americanas   Completa el siguiente texto con la forma correcta de los verbos que están entre paréntesis en el tiempo y modo apropiados: pretérito, imperfecto, pluscuamperfecto o condicional perfecto de indicativo, o imperfecto o pluscuamperfecto de subjuntivo. Dos espacios en blanco indican que se necesita un tiempo compuesto. Los espacios en blanco sin un verbo requieren una de las siguientes expresiones que conectan ideas: **de hecho, o sea, por una parte, por otra parte, por lo tanto**.

©GL Archive/Alamy

La Revolución de los Estados Unidos fue la gran referencia de la lucha por la independencia de Latinoamérica: si los Estados Unidos no _____

_____ ¹ (ganar) contra Gran Bretaña, las colonias de España en América no _____

_____ ² (seguir) su ejemplo. Sus más grandes héroes _____ ³ (ser) el venezolano Simón Bolívar (1783–1830), conocido en toda Latinoamérica como el "Libertador", y el argentino José de San Martín (1778–1850). Los dos _____ ⁴ (ser) criollos, _____,⁵ personas privilegiadas de origen español.

La independencia de Sudamérica no fue fácil, pero entre Bolívar y San Martín lo consiguieron. _____,⁶ Bolívar, con un pequeño ejército y el apoyo de otros héroes militares, _____ ⁷ (conseguir) la independencia de lo que hoy día conocemos como Colombia, Venezuela, el Ecuador, el Perú y Bolivia. _____,⁸ San Martín liberó la Argentina, Chile y el Uruguay.

Ambos libertadores _____ ⁹ (reunirse) en Guayaquil en 1822 para discutir la posibilidad de que el Perú y la Gran Colombia _____ ¹⁰ (unirse) en una sola nación. Si eso _____ _____ ¹¹ (ocurrir), San Martín y Bolívar _____ _____ ¹² (contar) con dos ejércitos. Pero fue una lástima que los libertadores no _____ ¹³ (lograr) un acuerdo.

El sueño de Bolívar era que todos los nuevos países independientes _____ [14] (formar) una gran república, como los Estados Unidos. _____ [15], pronto _____ [16] (haber) conflictos internos y guerras civiles. _____,[17] Bolívar _____ [18] (decidir) abandonar la política e irse a Europa. _____ [19] la tuberculosis _____ [20] (acabar) con su vida antes.

Aunque murió prácticamente solo, Simón Bolívar, quien se pronunció en contra de la esclavitud y a favor de la educación popular, es una figura muy querida y admirada en toda Latinoamérica. _____,[21] Bolívar representa el ideal de libertad e independencia de los países latinoamericanos.

¿Cuándo se dice?   Cómo se expresa *to ask*

pedir	to ask for (something), request, order	**Pides** mucho, ¿no crees? Me gustaría **pedir** un favor. Voy a **pedir** una hamburguesa. ¿Tú, qué **pides**?
preguntar	to ask (as a question) **(¡OJO! The noun pregunta cannot be used as the direct object of this verb.)**	El profesor le **preguntó** el nombre.
hacer una pregunta	to ask a question	¿Puedo **hacerle una pregunta?**
preguntar por	to inquire about; to ask after	Me **preguntó por** mi familia.
preguntar si	to ask whether	**Pregúntale si** quiere salir hoy.
preguntarse	to wonder (lit. to ask oneself)	**Me pregunto** cuántas personas van a estar en la fiesta.

✱ PRÁCTICA   Completa el párrafo con el infinitivo o el presente de indicativo del verbo apropiado del cuadro.

1. En clase hay estudiantes que _____ muchas preguntas y otros que no _____ nada nunca. El profesor siempre nos dice que podemos _____ todo lo que no entendamos, y siempre nos _____ si

todo está claro. Muchas veces explica las cosas dos o tres veces. Y yo
_____ si el profesor no está cansado de repetir todo varias veces.

2. Solo te quiero _____ una cosa: que no hables de esto con nadie.

3. La pobre tía Clara siempre me _____ por mi abuela, porque no se
acuerda de que murió. Siempre me _____ que llame a mi abuela para
hablar con ella.

MÁS personal

[*] ACTIVIDAD 1 **La historia de tu ciudad** Escribe un párrafo sobre los comienzos
de tu ciudad. ¿Quiénes la fundaron? ¿Cuáles son los edificios más representativos? ¿De
qué época y estilo son? Describe uno. Intenta incorporar el mayor número posible de
vocabulario de la sección **Palabras.**

_____

_____

_____

_____

[*] ACTIVIDAD 2 **Deseos personales** Usa **ojalá** para expresar tres deseos
relacionados con tu vida familiar o universitaria. Un deseo debe ser posible, otro poco
probable y otro imposible en el tiempo pasado.

Ejemplo: *Ojalá mi hermana **venga** a visitarme este fin de semana.* (posible)

*Ojalá mis notas **fueran** mejores el próximo semestre.* (poco probable)

*Ojalá **hubiera tenido** más tiempo para visitar a mis abuelos el pasado fin de*

semana. (imposible, pasado)

1. Deseo posible: _____

2. Deseo poco probable: _____

3. Deseo imposible: _____

Práctica auditiva

Pronunciación y ortografía

La pronunciación de *c, s* y *z*

One of the most notable differences in pronunciation between Spanish spoken in Latin America and Spanish spoken in Spain is evident from the production of the letters **c, s,** and **z**.

In Latin America and in southern Spain, the letters **s, z**, as well as **c** when followed by the vowels **e** and **i**, are all produced as the English letter *s* in the words s<u>aid</u> and <u>s</u>old. Listen and repeat the following words, ensuring that all three letters are pronounced the same.

c	<u>c</u>ine
s	<u>s</u>opa
z	<u>z</u>apato

When the letter **c** forms part of the suffix **-ción**, it is also pronounced the same as the letter **s**. Listen and repeat the following words, noting the difference between the Spanish **c** in **-ción** and the English *t* in the suffix *-tion*. Be sure to avoid transferring the English pronunciation of *t*, which in this case is produced like *sh*, to Spanish.

-ción	na<u>**ción**</u>	informa<u>**ción**</u>
-tion	*na<u>tion</u>*	*informa<u>tion</u>*

In northern and central Spain, the letter **s** sounds similar to the English *s* in words s<u>aid</u> and <u>s</u>old, however, it is articulated slightly differently from the English *s* and the Latin American **s**. While in English and in Latin American Spanish **s** is pronounced with the blade of the tongue against the ridge located right above the upper teeth, in Spain it is produced with the tip of the tongue against the ridge, which gives it more of a "whistling" sound. Listen and repeat the following words, imitating the Spanish production of **s**.

<u>**s**</u>**alud**
<u>**s**</u>**ospechar**

The letter **z**, as well as **c** when followed by **e** and **i**, however, are not produced as **s**. Instead, in northern and central Spain, they are articulated as the English cluster *th* in the words wi<u>th</u> and <u>th</u>ing. Listen and repeat the following words, imitating the Spanish peninsular pronunciation of **z** and **c**.

<u>**c**</u>**ena**
<u>**c**</u>**ita**
<u>**z**</u>**anahoria**

Due to such differences in pronunciation, the following words are produced differently in the Spanish variety.

ca<u>**s**</u>**a**	ca<u>**z**</u>**a**
<u>**s**</u>**ien**	<u>**c**</u>**ien**

but are pronounced identically in the Latin American variety.

ca_sa **caza**
s_ien **c_ien**

When **c** is part of the suffix **-ción**, in Spain it is pronounced as the *th* sound in the English word *thing*. Listen and repeat the following words modeling the pronunciation from Spain.

-ción **nega_ción** **recomenda_ción**

In both the Latin American and Spanish varieties of Spanish, when the letter **c** is followed by the vowels **a**, **o**, and **u**, it is pronounced as the English *k* in the word *kitten* or the English *c* in the word *cat*. Listen and repeat the following words.

c_ama
c_oro
c_urso

Finally, it is very important to remember that in Spanish, both the Spanish and the Latin American varieties, the letter **z** is never pronounced as the English *z*. Listen and repeat the following words, noting the difference between the Latin American or Spanish **z**, and English productions of the letter *z*.

Latin American   Spanish   English
z_ona   **z_ona** **z_one**
z_inc   **z_inc** **z_inc**

While mastering the pronunciation of the letters **c**, **s**, and **z** in Spanish, you may be asked by your instructor to learn the pronunciation of a particular region, or you may decide which production to acquire motivated by personal interests or by upcoming travel and study abroad trips. Whatever is the case, it is important to remember to be consistent in your pronunciation practice and avoid switching between the two varieties.

* **ACTIVIDAD PRÁCTICA** Listen to the following words and determine whether the pronunciation you hear represents the variety of Spanish from Latin America or the production from northern and central parts of Spain.

	LATIN AMERICA	SPAIN
1. venezolanos	☐	☐
2. gracias	☐	☐
3. excelente	☐	☐
4. cejas	☐	☐
5. piscina	☐	☐
6. házselo	☐	☐
7. ciegas	☐	☐
8. ascensor	☐	☐
9. acelerar	☐	☐
10. sensación	☐	☐

¡A grabar!

Listen to the following paragraph, then record yourself reading it out loud. You can choose to pronounce the letters **c**, **s**, and **z** as they are produced in Latin America or in Spain. However, make sure to select one way and use it consistently, without switching between the two varieties.

El sábado a las dieciocho de la tarde, mi esposo Zacarías y yo fuimos a la casa de mi sobrina Susana Sánchez para cenar. ¡Es una cocinera excelente! Empezó a cocinar cuando tenía solamente diez años y cuando tenía dieciséis años comenzó a trabajar a tiempo parcial en el restaurante que se llamaba "Jazmín". Gracias a su estupenda organización, dedicación y mucho esfuerzo, pronto la aceptaron en la mejor academia culinaria de nuestra nación. Desde ese momento, su profesión empezó a acelerar. En marzo viajó a Francia donde aprendió a hornear postres deliciosos y ahora es una sensación en nuestra ciudad y en las redes sociales de varios países. ¡Su sueño de niñez se hizo realidad!

Cultura   Alejo Carpentier: Escritor barroco del siglo XX

Alejo Carpentier
©Album/Oronoz/Newscom

Escucha el texto y completa la actividad que sigue. Vas a escuchar el texto dos veces.

Vocabulario útil

el relato   *el cuento*

precortesiano/a   *precolombino/a*

¿Entendiste?   Completa el resumen del texto que acabas de oír con la información necesaria.

Alejo Carpentier _____[1] en La Habana en 1904. Después de vivir once años en _____[2] y catorce en _____,[3] regresó a _____.[4] Esta ciudad era para él el lugar perfecto para escribir novelas. En sus narraciones, Carpentier incorporó la investigación _____[5] que hizo durante sus viajes por el _____[6] sobre museos, música, _____,[7] etcétera. Además, él quería traer a la _____[8] una visión de la identidad americana centrada en la experiencia _____.[9] Carpentier pensaba que el barroquismo en los latinoamericanos es cosa que viene del mundo en que viven: de las _____,[10] de los templos precortesianos y del ambiente en general.

160   ciento sesenta   Capítulo 11

∗ Circunlocución: Cuando no conocemos la palabra exacta

Empareja cada una de las tres definiciones que vas a escuchar con el dibujo y palabra correspondientes. Vas a escuchar cada definición dos veces. Luego escribe tu propia definición de la última palabra.

En esta sección se van a definir palabras que tienen que ver con una ciudad.

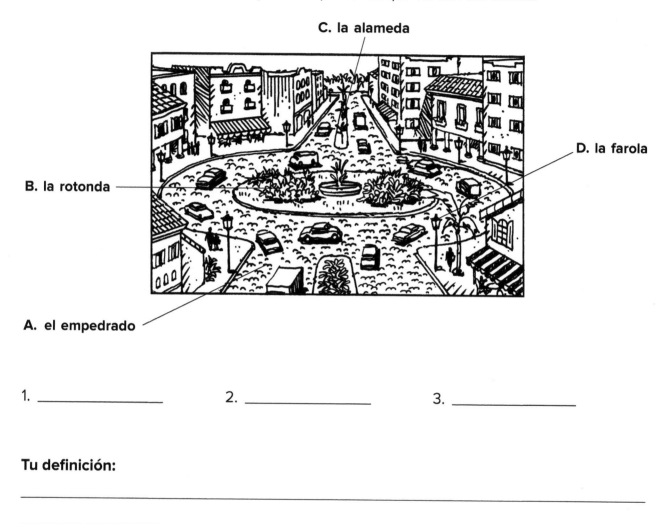

C. la alameda

D. la farola

B. la rotonda

A. el empedrado

1. _____ 2. _____ 3. _____

Tu definición:

_____

_____

Fronteras y puentes

12

Práctica escrita

Palabras

⁎ ACTIVIDAD 1   Para cada par de palabras, indica si son sinónimos (S) o antónimos (A).

_____ 1. beneficiar   perjudicar

_____ 2. acuerdo   tratado

_____ 3. intercambio   comercio

_____ 4. conferencia   cumbre

_____ 5. unir   separar

_____ 6. fomentar   fortalecer

⁎ ACTIVIDAD 2   **Temas del gobierno**   Completa el texto con las palabras necesarias de la lista.

constitución	elecciones	gobernadora	impuestos	ministros	senadores
discurso	firmar	gobiernos	ingresos	Senado	tratado

El _____^{1} es un lugar muy importante en un país democrático. En él se toman decisiones que protegen la _____.^{2} Los _____^{3} representan la voz del pueblo y deben ganar _____^{4} para conseguir su puesto.

Ayer en la cumbre se reunieron los _____^{5} de Relaciones Internacionales de varios países. Fueron todos para representar a sus _____^{6} en el acto de _____^{7} un importante _____^{8} económico.

La mujer que está hablando ahora en la televisión es la _____[9] de este estado. En su _____[10] está anunciando que el gobierno va a subir los _____[11] para las personas de _____[12] más altos.

[*] ACTIVIDAD 3   **La firma del acuerdo**   Completa el párrafo con las palabras de la lista.

a pesar de	cargo	fomenta	lazos	por fin	tratado
beneficiar	en conclusión	fortalece	organismos	puente	

Después de muchos meses de diálogo entre los diferentes _____[1] de nuestros respectivos países, _____[2] llegó el día de la firma del ACIS, el Acuerdo de Cooperación Internacional del Sur. _____[3] nuestras diferencias, los _____[4] históricos y culturales siempre han sido un _____[5] entre nosotros. Este nuevo tratado _____[6] esos lazos y _____[7] nuestras relaciones comerciales, lo cual solo puede _____[8] a los ciudadanos de nuestros países. _____,[9] en mi _____[10] de presidenta, quiero decir que es para mí un gran honor firmar este _____[11] en representación de mi país.

Estructuras

27. La voz pasiva

[*] ACTIVIDAD 1   **Oraciones pasivas**   Completa las oraciones con la forma correcta del pretérito de uno de los verbos de la lista en voz pasiva.

aprobar	construir	discutir	escribir	gobernar	proponer

Ejemplo: La casa *fue construida* por el mejor arquitecto de la ciudad.

1. El tratado _____ por los miembros de las organizaciones internacionales en la reunión pasada.

2. Las leyes _____ por los abogados.

3. El país _____ por un dictador durante 30 años.

4. Estas iglesias _____ por los españoles.

5. El libro _____ por un grupo de profesores el semestre pasado.

6. La estudiante _____ para una mención de honor en el departamento.

* **ACTIVIDAD 2** **De activa a pasiva** Cambia las siguientes oraciones de la voz activa a la pasiva, respetando el tiempo del verbo y la concordancia entre sujeto y participio pasado.

Ejemplo: Los estudiantes compraron los libros sobre la globalización.

Los libros sobre la globalización *fueron comprados* por los estudiantes.

1. La presidenta recibió a los estudiantes.

   Los estudiantes _____ por la presidenta.

2. El senador apoyará la petición de los ciudadanos.

   La petición de los ciudadanos _____ por el senador.

3. El gobernador elige el gabinete.

   El gabinete _____ por el gobernador.

4. La profesora presentó el libro sobre política latinoamericana.

   El libro sobre política latinoamericana _____ por la profesora.

5. El puente conectará los dos países.

   Los dos países _____ por el puente.

6. Los legisladores demócratas apoyaron la ley.

   La ley _____ por los legisladores demócratas.

* **ACTIVIDAD 3** **Dilo de otra manera**

Paso 1 Reescribe con **se** las siguientes oraciones. **¡OJO!** No se menciona el agente de la acción con esta estructura.

Ejemplo: El proceso del referéndum fue observado por otros países.

Se observó el proceso del referéndum.

1. El presupuesto fue revisado por los legisladores.

   _____

2. Las cartas fueron redactadas por la secretaria.

   _____

(Continues)

3. Los acuerdos importantes son firmados en un salón especial de la casa presidencial.

_____

4. Un tratado de paz fue propuesto por varios organismos internacionales.

_____

5. La ley fue respetada por todos.

_____

Paso 2 Reescribe las oraciones del **Paso 1** con el verbo en la tercera persona plural, otra manera de construir una oración impersonal.

Ejemplo: El proceso del referéndum fue observado por otros países.

Observaron el proceso del referéndum.

1. _____

2. _____

3. _____

4. _____

5. _____

28. El subjuntivo en cláusulas independientes

[*] **ACTIVIDAD 1**   **¿Qué se diría?** Empareja la situación de la columna A con la expresión más apropiada de la columna B.

<table>
<tr><td align="center">A</td><td align="center">B</td></tr>
<tr><td>_____ 1. Salgo de viaje para Europa.</td><td>a. ¡Que en paz descanse!</td></tr>
<tr><td>_____ 2. Vamos al concierto esta noche.</td><td>b. ¡Que tengas buen viaje!</td></tr>
<tr><td>_____ 3. Mi hermana tiene un fuerte resfriado.</td><td>c. ¡Que le vaya bien!</td></tr>
<tr><td>_____ 4. Mi abuelo murió anoche.</td><td>d. ¡Que lo pasen bien!</td></tr>
<tr><td>_____ 5. Héctor tiene una entrevista de trabajo.</td><td>e. ¡Que se mejore!</td></tr>
</table>

[*] **ACTIVIDAD 2** **Mandatos y consejos que se oyen** Completa las oraciones con el verbo entre paréntesis en la forma correcta.

1. Los anfitriones de una gran fiesta: ¡Que _____ (venir) todos los que quieran!

2. Un maestro frustrado: ¡Que nadie _____ (copiar) el trabajo de otra persona! Si lo hacen, habrá graves consecuencias.

3. Un adolescente a otro: ¡Que nadie te _____ (decir) lo que tienes que hacer!

4. Unos padres a sus hijos que van a salir con los amigos: ¡Que _____ (divertirse)!

5. La ganadora del Premio Nobel de la Paz: Hay demasiadas fronteras. ¡Que _____ (haber) más puentes!

[*] **AUTOPRUEBA** **Una cultura de paz en Latinoamérica** Completa los siguientes párrafos con la forma correcta de los verbos que están entre paréntesis en el presente o en el pretérito en la voz pasiva o en el presente de la voz pasiva con el **se** reflexivo o impersonal.

La cultura de paz se _____[1] (definir) como una serie de actitudes y valores a través de los cuales se _____[2] (fomentar) el respeto a los derechos humanos, la democracia, la tolerancia, la diversidad cultural y la reconciliación. El programa «Cultura de paz» _____[3] (crear) por la UNESCO en 1992. Con este proyecto no solo se _____[4] (buscar) conseguir la paz en países que _____[5] (afectar) por conflictos de guerra, sino que también se _____[6] (intentar) prevenir ese tipo de conflicto en cualquier territorio. Este programa afecta a Latinoamérica, donde se _____[7] (tener) que poner más vigor en las acciones para fomentar la paz.

En la primera mitad del siglo XX, la consolidación de los gobiernos democráticos _____[8] (amenazar) por una fuerte inestabilidad política. Los conflictos violentos han disminuido en la zona desde finales del siglo XX, ya que _____[9] (firmar) importantes acuerdos de paz entre los gobiernos de

Nicaragua, Guatemala, El Salvador y las Naciones Unidas en las últimas décadas. Sin embargo, todavía se _____ [10] (manifestar) en las sociedades latinoamericanas una violencia difícil de combatir: la pobreza. Se _____ [11] (hablar) sobre el tema en las cumbres presidenciales, se _____ [12] (discutir) en reuniones de expertos, pero en la realidad la situación se _____ [13] (mantener) como un serio problema de exclusión social y marginalidad política. Parece que no se _____ [14] (comprender) que el problema de la pobreza no se _____ [15] (resolver) con la asignación de más fondos especiales. Es evidente que no se _____ [16] (necesitar) más acuerdos y declaraciones sino una acción dirigida a negociaciones entre países latinoamericanos, organismos regionales e internacionales. Los procesos de integración se _____ [17] (presentar) como las alternativas a seguir para así asegurar una verdadera cultura de paz en Latinoamérica.

¿Cuándo se dice? Cuándo usar *ir, venir, llevar* y *traer*

ir	to go, to come (speaker is not in the place where the action of going is directed; unlike English, in which the point of reference can also be the interlocutor, as in *I'm coming to meet you*)	¿Me estás llamando? Ya **voy.** Juan **va** al cine todos los domingos.
venir	to come (speaker is in the place where the action of coming is directed; also expresses the fact of accompanying someone to another place)	Juan, quiero que **vengas** enseguida. María **viene** mucho a visitarme a casa. Los inmigrantes **vienen** a nuestro país buscando mejores condiciones de vida. Voy de compras. ¿**Vienes** conmigo?
traer	to bring (like **venir**, used only to express moving something to the speaker's location)	María, ¿me **traes** un vaso de agua, por favor? Los inmigrantes **traen** consigo a nuestro país una rica herencia cultural.
llevar	to take; to bring (like **ir**, used to express moving something to a location that the speaker does not occupy; unlike English, location of interlocutor is not relevant)	María, **lleva** los platos a la cocina. (*Neither the speaker nor María is in the kitchen.*) José, cuando vaya a tu casa, ¿quieres que **lleve** el postre? (*Speaker is not at José's house.*)

* **PRÁCTICA**   Completa lo que dicen las siguientes personas, basándote en los dibujos.

1. —_____ a casa de Belinda. Le _____ flores.

2. —Cristián _____ a mi casa. ¡Me _____ flores!

3. —_____ a los niños al colegio.

4.

—La mamá _____ a los niños al colegio.

MÁS personal

[*] ACTIVIDAD 1 **La política** Escribe una oración con cada una de las siguientes palabras de la lista.

compromiso   unir   impuestos (sobre...)   perjudicar   a pesar de

1. _____

2. _____

3. _____

4. _____

5. _____

[*] ACTIVIDAD 2 **¿Qué dirías tú?** ¿Qué dirías tú en las siguientes circunstancias? Expresa tus deseos con la construcción **que** + *subjuntivo*.

Ejemplo: Es el cumpleaños de tu compañero de cuarto.

Felicidades. ¡Que cumplas muchos más!

1. A tu mejor amigo le comunican que le han concedido una beca para estudiar en Buenos Aires el próximo año.

_____

2. Necesitas hacer una llamada urgente y una persona desconocida te presta su teléfono móvil.

_____

3. Tu profesor(a) de español está muy resfriado/a.

_____

4. Un amigo te dice que tu compañero de casa dio una fiesta en tu ausencia y la casa es un desastre ahora: hasta teme hablar contigo.

_____

5. Los padres de un buen amigo tuyo se van de viaje a Europa.

_____

Práctica auditiva

Pronunciación y ortografía

Las letras y y ll: /y/

La pronunciación de ll e y

In most varieties of Spanish, **ll** and **y** are pronounced alike. While these letters have distinctive realizations in different varieties of Spanish, the most common pronunciation of the Spanish **ll** and **y** is similar to the production of the English letter *y* in the words *yellow* and *yogurt*. Listen and repeat the following words, noting the similarity between the English pronunciation of *y* and the Spanish articulation of **ll** and **y**.

| *yard* | **yarda** | **llueve** |
| *yacht* | **yate** | **llave** |

In most contexts, **ll** and **y** are pronounced in a soft manner. Listen and repeat the following words imitating the soft **ll** and **y** articulation.

botella
mayo
gallina

When **ll** and **y** appear in the beginning of a sentence, after a pause or after letters **l** or **n**, they are pronounced with more energy. Listen and repeat the following words, modeling the strong production of **ll** and **y**.

llego
el yugo
un llanto

It is very important to remember that in all varieties of Spanish the written letter **j** is never pronounced like **ll** or **y**. Instead, it is produced like the English *h* in words *house* and *hobby*. Listen and repeat the following examples.

| **mijo** | **millo** |
| **baja** | **vaya** |

It is also important to remember the distinction between the pronunciation of **l** and **ll**. Listen and repeat the following examples.

ma<u>l</u>o   **ma<u>ll</u>o**
ca<u>l</u>ar   **ca<u>ll</u>ar**

As mentioned previously, **ll** and **y** have different pronunciations in certain regions and countries. For example, in most of Argentina and Uruguay, the two letters are pronounced as the English *s* in words *mea<u>s</u>ure* and *plea<u>s</u>ure* (*zheísta* pronunciation). Listen and repeat the following words modeling this pronunciation.

<u>ll</u>oro
<u>y</u>uca

In Buenos Aires, **ll** and **y** are pronounced like the English *sh* in words *<u>sh</u>ow* and *mu<u>sh</u>room* (*sheísta* pronunciation). This production is particularly popular among younger speakers. Listen and repeat the following words modeling the pronunciation from Buenos Aires.

<u>y</u>o
<u>ll</u>eno

Some speakers in Bolivia, Ecuador, Paraguay, Peru, the northeastern part of Argentina and the rural areas of northern Spain distinguish between the pronunciation of **ll** and **y**. In this (*lleísta*) variety, the cluster **ll** resembles the pronunciation of the English *ll* in the word *mi<u>ll</u>ion* and the letter *y* is produced similarly to the English letter *y* in the word *<u>y</u>ellow*. This distinction is more common in areas where Spanish is in contact with indigenous languages, such as Aymara, Guaraní and Quechua. It is not as common in urban areas or among young speakers. Listen and repeat the following words modeling the *lleísta* variety.

<u>ll</u>uvia
caba<u>ll</u>o

Since in most varieties of Spanish there is no distinction between the production of **ll** and **y**, it is important to learn which letter to use in writing. The best strategy is to carefully memorize the spelling of each new word you learn in Spanish. Reading can also greatly improve your familiarity with the Spanish spelling as you are able to see the visual representation of each word.

Finally, while mastering the pronunciation of **ll** and **y** in Spanish, you may be asked by your instructor to learn the pronunciation of a specific region, or you may choose which production to acquire motivated by personal interests or by upcoming travel and study abroad trips. Whatever is the case, it is important to remember to be consistent in your pronunciation of these letters and avoid switching between different varieties.

⊡ **ACTIVIDAD PRÁCTICA**   For each number you will hear a word. Listen carefully and then decide whether the word you hear matches letter **a** or letter **b**.

1. ☐ a. olla   ☐ b. hoja

2. ☐ a. a leer   ☐ b. ayer

3. ☐ a. colar   ☐ b. collar

4. ☐ a. calla   ☐ b. caja

5. ☐ a. llave   ☐ b. lave

6. ☐ a. hallo   ☐ b. ajo

7. ☐ a. soya   ☐ b. soja

8. ☐ a. lama   ☐ b. llama

9. ☐ a. yema   ☐ b. lema

10. ☐ a. pollo   ☐ b. polo

¡A grabar!

Listen to the following paragraph then record yourself reading it out loud modeling the Spanish pronunciation of **ll** and **y**. Make sure to select one pronunciation variety and use it consistently, without switching between the two.

Mi mejor amiga se llama Yolanda Llanas. Ella es de Mallorca, pero ahora vive en Nueva York. Le encanta pasar tiempo en las calles de la ciudad, ir a las playas, comprar billetes a varios conciertos, plantar semillas en su jardín y leer libros sobre ballenas. También, le gusta montar a caballo y coleccionar estampillas. Siempre está feliz y nunca llora. El novio de Yolanda se llama Pelayo. Es uruguayo y trabaja como pintor. Le gusta pintar estrellas, gallinas con pollitos, castillos, rayos y la lluvia. Tiene su propio taller y pasa allí mucho tiempo. La semana pasada Pelayo le dio a Yolanda el anillo de compromiso. Van a casarse en mayo. ¡Qué maravilla!

Cultura MERCOSUR: Nueva etapa política en América del Sur

Escucha el texto y completa la actividad que sigue. Vas a escuchar el texto dos veces.

Vocabulario útil

la medida	*measure, project*
fortalecer	*to strengthen*

Los países del MERCOSUR

¿Entendiste? Completa el resumen del texto que acabas de oír con la información necesaria.

MERCOSUR significa «Mercado _____[1] del Sur». Los países que originalmente firmaron el _____[2] son el Brasil, la Argentina, el Uruguay y _____,[3] pero recientemente se han unido Bolivia y _____.[4]

Los objetivos de MERCOSUR no son solo económicos. También intenta integrar la visión _____[5] de las sociedades que forman parte del acuerdo. Estos países desean fortalecer los procesos _____[6] dentro de la región e integrar aspectos como la protección del _____,[7] el desarrollo de economías _____,[8] la _____[9] social y la lucha contra la _____.[10]

[*] Circunlocución: Cuando no conocemos la palabra exacta

Empareja cada una de las tres definiciones que vas a escuchar con el dibujo y palabra correspondientes. Vas a escuchar cada definición dos veces. Luego escribe tu propia definición de la última palabra.

Las palabras de esta sección tienen que ver con la economía.

A. Divisas

$2,98

INFORME MONETARIO DIARIO

Argentina		Por unidad
EURO	Compra	Venta
	$ 3,9132	$ 3,9670

EE.UU.		Por unidad
	Compra	Venta
	US$ 1,3392	US$ 1,3393

Uruguay		Por unidad
DÓLAR	Compra	Venta
	$ 2,93 argentinos	$ 3,00 argentinos

B. PIB

Producto Interior Bruto		
	España	Zona del euro
02 P	2,7	0,9
03 P	3,0	0,7
04 P	3,1	0,8
05 I P	3,3	1,3
II P	3,4	1,1

C. Ganancias

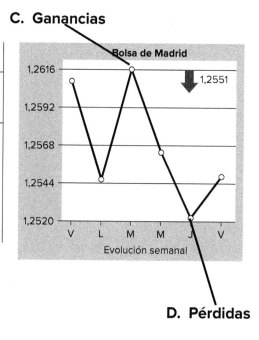

Bolsa de Madrid

1,2616
1,2592
1,2568
1,2544
1,2520

1,2551

V L M M J V

Evolución semanal

D. Pérdidas

1. _____   2. _____   3. _____

Tu definición:

_____

_____

Clave de respuestas

1: Cuestión de imagen

Práctica escrita

PALABRAS **Actividad 1:** 1. cana(s) 2. lentes de contacto 3. barba/bigote 4. ojos 5. cicatriz 6. sonrisa 7. pecas 8. calva **Actividad 2:** 1. c 2. a 3. c 4. b 5. a **Actividad 3:** 1. mentirosa 2. tímidos 3. antipático 4. conservadoras 5. seria 6. buen carácter 7. terco 8. egoísta

ESTRUCTURAS **1. El presente de indicativo Actividad 1:**

	cerrar	encender	mentir	oír	tener	venir
yo	*cierro*	*enciendo*	miento	*oigo*	*tengo*	*vengo*
tú	*cierras*	enciendes	*mientes*	oyes	tienes	*vienes*
vos	cerrás	*encendés*	*mentís*	*oís*	*tenés*	venís
él/ella/Ud.	*cierra*	*enciende*	*miente*	oye	tiene	*viene*
nosotros	cerramos	encendemos	mentimos	*oímos*	tenemos	venimos
vosotros	*cerráis*	*encendéis*	*mentís*	oís	*tenéis*	*venís*
ellos/ellas/Uds.	*cierran*	*encienden*	*mienten*	*oyen*	*tienen*	*vienen*

Actividad 2: 1. canta 2. preparo 3. corren/corréis 4. habla 5. escriben/escribís 6. vive 7. bebes 8. escuchan 9. toca 10. bailamos 11. comen

2. Cómo se expresa *to be* Actividad 1: 1. es 2. estamos 3. es 4. es 5. estás 6. está 7. Es 8. están 9. es 10. estamos **Actividad 2:** 1. tienes 2. Hay 3. hace 4. Tenemos 5. tienen 6. tiene 7. tiene 8. hay 9. Hace 10. Hay **Actividad 3:** 1. hay 2. es 3. es; son 4. tienen 5. tiene 6. Hay 7. está

3. Comparaciones Actividad 1: 1. tan; como 2. tantos; como 3. tantas; como 4. tan; como 5. tantas; como **Actividad 2:** 1. menos; que 2. menor que 3. más; que 4. mejor que 5. más; que **Actividad 3:** 1. más; que 2. de; más; que 3. más 4. tanto como 5. más; que 6. tantas; como

Autoprueba: 1. hay 2. refiere 3. está 4. implican 5. mejor 6. más 7. que 8. prefieren 9. es 10. Tanto 11. como 12. identifica

¿Cuándo se dice? Práctica: 1. sabe 2. sé 3. Conozco 4. conocí

Práctica auditiva

PRONUNCIACIÓN Y ORTOGRAFÍA   **Actividad práctica**   1. e, o 2. o, i 3. u, e 4. i, a
5. e, i 6. a, u 7. o, o 8. u, a 9. i, a 10. e, u

Cultura: 1. puertorriqueña 2. XX 3. estadounidenses 4. producción 5. sesenta
6. setenta 7. centroamericanos 8. estudiantes 9. culturas

Circunlocución: 1. D 2. C 3. A

2: «Dime con quién andas y te diré quién eres»

Práctica escrita

PALABRAS   **Actividad 1:** 1. d 2. g 3. h 4. a 5. c 6. f 7. b 8. e 9. i **Actividad 2:**
1. compañero 2. generación 3. pertenecemos 4. equipo 5. formamos parte
6. asociación 7. partido 8. creencias 9. agnóstico 10. amistad **Actividad 3:**
1. calificación 2. facultad 3. equipo 4. beca 5. horario 6. fe 7. materia 8. dios
9. compartir 10. plazo

ESTRUCTURAS   **4. Los pronombres de objeto directo e indirecto** **Actividad 1:**
1. La 2. lo/lo 3. los 4. las/las 5. te 6. la **Actividad 2:** 1. que Jaime se va a presentar
para presidente 2. la razón 3. los exámenes 4. a mí 5. las compañeras de
casa **Actividad 3:** 1. les 2. Te; me 3. le 4. Nos 5. le 6. les **Actividad 4:** 1. Se lo
busco 2. le envié 3. se lo envié 4. Va a recibirlo 5. le enviaron 6. Los puse
7. Podría hacerme/Me podría hacer 8. se las hago

5. Los reflexivos   Actividad 1:

	yo	tú	vos	él/ella/Ud.	nosotros	vosotros	ellos/ellas/Uds.
acostarse	me acuesto	te acuestas	te acostás	se acuesta	nos acostamos	os acostáis	se acuestan
dormirse	me duermo	te duermes	te dormís	se duerme	nos dormimos	os dormís	se duermen
enamorarse	me enamoro	te enamoras	te enamorás	se enamora	nos enamoramos	os enamoráis	se enamoran
ponerse	me pongo	te pones	te ponés	se pone	nos ponemos	os ponéis	se ponen
parecerse	me parezco	te pareces	te parecés	se parece	nos parecemos	os parecéis	se parecen
volverse	me vuelvo	te vuelves	te volvés	se vuelve	nos volvemos	os volvéis	se vuelven
divertirse	me divierto	te diviertes	te divertís	se divierte	nos divertimos	os divertís	se divierten

Actividad 2: 1. nos acostamos 2. nos quedamos 3. despertarnos 4. se ducha 5. me bebo 6. me voy 7. nos divertimos 8. me enojo 9. se peinan 10. se maquillan 11. nos sentamos 12. calmarnos   **Actividad 3:** 1. dedican 2. se preparan 3. llaman 4. dormimos 5. nos sentimos 6. se acuerda 7. se dedican 8. se van

6. Gustar y otros verbos similares   **Actividad 1:** 1. le gusta 2. A mí; duelen 3. le encanta 4. hace 5. les molesta 6. ti; importa 7. queda 8. le toca 9. A; les cae
Actividad 2: 1. A ti te molestan los zapatos./Los zapatos te molestan. 2. A nosotros nos conviene esta clase. Esta clase nos conviene. 3. A Ud. le duele la cabeza./La cabeza le duele.   **Actividad 3:** 1. Me parece 2. les toca 3. le conviene 4. Le encanta 5. Me hace falta 6. Me molesta 7. Le interesa 8. te quedan

Autoprueba: 1. se interesan 2. se gradúan 3. se reflejan 4. se dedican 5. se preparan 6. identifica 7. les toca 8. se enfrentan 9. nos parece 10. se convierten

¿Cuándo se dice?   Práctica: 1. pero 2. sino 3. sino 4. pero 5. sino que 6. pero

Práctica auditiva

PRONUNCIACIÓN Y ORTOGRAFÍA   **Actividad práctica** 1. ag/nós/ti/co 2. sen/ti/men/tal 3. a/so/cia/cio/nes 4. ca/lla/da 5. i/rres/pon/sa/ble 6. iz/quier/da 7. per/te/nez/co 8. in/sen/sa/to 9. mez/qui/ta 10. bau/tis/mo

¡A grabar! 1. ten/go 2. dia/ria 3. sie/te 4. em/pie/zan 5. cien/cias 6. des/pués 7. en/cuen/tro 8. al/mor/za/mos 9. ta/re/a 10. so/cio/lo/gí/a 11. cin/co 12. es/tu/dio 13. has/ta 14. a/cos/tar/me 15. pre/fie/ro 16. pla/ne/ar 17. si/guien/te 18. di/vier/to 19. ge/ne/ral/men/te 20. con/cier/to.

Cultura: 1. Puerto Rico; 1839 2. España 3. Latinoamérica; Cuba; Puerto Rico 4. Nueva York 5. maestro 6. educación

Circunlocución: 1. D 2. B 3. C

3: Raíces

Práctica escrita

PALABRAS   **Actividad 1:** 1. yernos y/o nueras 2. sobrinos 3. hijastro o hijastra 4. ahijado o ahijada 5. abuelos 6. estar distanciados 7. llorar 8. morir 9. bisnietos
Actividad 2: 1. bautizo 2. quinceañera 3. boda 4. primera comunión 5. entierro 6. Pascua Florida 7. brindis 8. parentesco   **Actividad 3:** 1. apodo 2. nací; se mudó 3. tíos 4. mandan; anécdotas 5. adoptar 6. recuerdos; hogar 7. herencia 8. quieren; cariño 9. se casa; brindis; llorar 10. nos parecemos 11. nos llevamos bien; unidos

ESTRUCTURAS   **7. El pretérito de indicativo   Actividad 1:**

	yo	tú	él/ella/Ud.	nosotros	vosotros	ellos/ellas/Uds.
querer	quise	quisiste	quiso	quisimos	quisisteis	quisieron
dar	di	diste	dio	dimos	disteis	dieron
estar	estuve	estuviste	estuvo	estuvimos	estuvisteis	estuvieron
ser	fui	fuiste	fue	fuimos	fuisteis	fueron
ir	fui	fuiste	fue	fuimos	fuisteis	fueron
poder	pude	pudiste	pudo	pudimos	pudisteis	pudieron
traer	traje	trajiste	trajo	trajimos	trajisteis	trajeron
venir	vine	viniste	vino	vinimos	vinisteis	vinieron
tener	tuve	tuviste	tuvo	tuvimos	tuvisteis	tuvieron
caber	cupe	cupiste	cupo	cupimos	cupisteis	cupieron

Actividad 2: 1. se conocieron 2. terminó 3. se graduó 4. propuso 5. Tuvieron
6. Adquirieron 7. Nació 8. Celebraron   **Recuerda:** Emilio José Torres Martínez
Actividad 3: 1. Los novios intercambiaron anillos. 2. La novia se puso nerviosa. 3. La ceremonia fue muy corta. 4. El fotógrafo tomó muchas fotos. 5. La madrina leyó un poema. 6. Yo felicité a los novios. 7. El novio y la novia se besaron. 8. Tú disfrutaste la fiesta. 9. Los familiares se sintieron muy felices. 10. Los camareros sirvieron champán en la fiesta.

8. El imperfecto de indicativo   Actividad 1:

	yo	tú	él/ella/Ud.	nosotros	vosotros	ellos/ellas/Uds.
ir	iba	ibas	iba	íbamos	ibais	iban
hacer	hacía	hacías	hacía	hacíamos	hacíais	hacían
jugar	jugaba	jugabas	jugaba	jugábamos	jugabais	jugaban
ser	era	eras	era	éramos	erais	eran
ver	veía	veías	veía	veíamos	veíais	veían
correr	corría	corrías	corría	corríamos	corríais	corrían
hablar	hablaba	hablabas	hablaba	hablábamos	hablabais	hablaban
decir	decía	decías	decía	decíamos	decíais	decían
poder	podía	podías	podía	podíamos	podíais	podían

Actividad 2: 1. se reunían 2. era 3. preparaba 4. escuchábamos 5. hablaban
6. conocíamos 7. decían 8. debíamos   **Actividad 3:** 1. corría 2. gritaba 3. prefería
4. dormía 5. criaba

9. Cómo se combinan el pretérito y el imperfecto   Actividad 1: 1. tenía 2. decidí 3. eran 4. llovía 5. vivía 6. conocí 7. ayudaron 8. estaba 9. había 10. llamaba
Actividad 2: 1. nació 2. creció 3. Era 4. Empezó 5. se casó 6. tenía 7. luchó 8. llegó 9. emigraron 10. decidieron 11. consiguió 12. vivían 13. se criaron 14. murió 15. pudo 16. llevó 17. tuvieron 18. presentaron 19. se enamoró 20. volvió
Actividad 3: 1. conocía 2. conocía 3. Quería; pude 4. sabía; supo 5. quiso

Autoprueba: 1. se casaron 2. Fue 3. prefirieron 4. era 5. estaba 6. hacía 7. Había 8. tuvo 9. pudieron 10. se emocionó 11. insistió 12. rompieron

¿Cuándo se dice?   Práctica: 1. historias 2. cuento 3. historia 4. cuentas 5. cuentos 6. cuenta

Práctica auditiva

PRONUNCIACIÓN Y ORTOGRAFÍA   Actividad práctica 1. a. numero b. número 2. a. México b. mexicano 3. a. hablará b. hablara 4. a. tragedia b. trágico 5. a. papá b. papa 6. a. dólar b. dolor 7. a. francés b. francesa 8. a. fabuloso b. fábula 9. a. nación b. naciones 10. a. país b. paisaje

Cultura: 1. las madrinas 2. bautizo 3. Latinoamérica 4. costumbre 5. compadres 6. parentesco

Circunlocución: 1. D 2. B 3. A

4: Con el sudor de tu frente...

Práctica escrita

PALABRAS   Actividad 1   Paso 1: 1. el/la pintor/a 2. el/la albañil 3. el/la jardinero/a 4. el/la basurero/a 5. el/la mecánico/a 6. el/la electricista 7. el/la cocinero/a 8. el/la fontanero/a   **Paso 2:** 1. el/la vendedor(a) 2. el/la abogado/a 3. el/la maestro/a 4. el/la piloto 5. el/la asistente de vuelo 6. el/la trabajador(a) social 7. el/la bibliotecario/a 8. el/la ingeniero/a 9. el/la arquitecto/a 10. el/la programador(a)   **Actividad 2:** 1. una carta de recomendación 2. la formación 3. el currículum vitae 4. los anuncios clasificados 5. el contrato 6. un despido 7. un socio 8. la firma 9. la licencia por maternidad 10. parcial
Actividad 3: 1. meta 2. mercado 3. sindicato 4. socio 5. horario 6. puesto 7. empresa 8. jubilarse 9. ganar 10. firmar 11. mercado

ESTRUCTURAS   10. El *se* accidental   Actividad 1: 1. se le olvidó 2. se le quemaron 3. se les cayó 4. se le quedaron 5. se les acabó   **Actividad 2:** 1. se le perdieron 2. se (les) acabó/ se (les) terminó 3. se me rompieron 4. se (nos) quemaron 5. se le acabó   **Actividad 3:** 1. se me rompieron 2. se le cayó 3. se les cayeron 4. se te olvidó 5. se les perdió

11. El presente perfecto de indicativo   Actividad 1: 1. cubierto 2. dicho 3. propuesto 4. roto 5. vuelto 6. hecho 7. ido 8. muerto 9. resuelto 10. visto 11. respondido 12. sido

Actividad 2: 1. han pedido/recibido 2. ha autorizado/pedido/recibido 3. has recibido/firmado 4. ha cambiado 5. han podido 6. hemos escrito 7. ha firmado/recibido 8. ha cubierto **Actividad 3:** 1. he trabajado 2. he tenido 3. ha llegado 4. ha hecho 5. hemos visto 6. ha decidido 7. hemos escrito

12. El pluscuamperfecto de indicativo   **Actividad 1:** 1. habían desaparecido 2. había hecho 3. habían visto 4. habíamos descubierto 5. se habían convertido **Actividad 2:** 1. estudió; había leído 2. había completado; aceptaron 3. solicitó 4. dieron 5. llegó; había recibido 6. creció 7. mejoraron 8. ofreció; habían pedido 9. hablé; había empezado **Actividad 3:** 1. recibió 2. había renunciado 3. se sorprendió 4. había pensado 5. dijo 6. había tenido 7. agradeció 8. había dado 9. explicó 10. había tomado

Autoprueba: 1. ha dejado 2. se dedicó 3. Nació 4. emigró 5. se destacó 6. llegó 7. había experimentado 8. combinó 9. había luchado 10. desarrolló 11. participó 12. apareció 13. había muerto 14. había contribuido

¿Cuándo se dice? **Práctica:** 1. porque 2. Como 3. A causa de

Práctica auditiva

PRONUNCIACIÓN Y ORTOGRAFÍA   **Actividad práctica**   1. a 2. a 3. b 4. a 5. b 6. b 7. a 8. a 9. b 10. b

Cultura: 1. cuarenta 2. cuarenta y seis 3. cuatro 4. nueve 5. natalidad 6. vida 7. África 8. Este 9. agricultura 10. servicios 11. origen

Circunlocución: 1. A 2. D 3. C

5: El mundo al alcance de un clic

Práctica escrita

PALABRAS   **Actividad 1:** 1. c 2. a 3. b 4. c 5. b 6. a **Actividad 2:** 1. f 2. e 3. g 4. b 5. d 6. a 7. i 8. h 9. c **Actividad 3:** 1. búsqueda 2. página web 3. enlace 4. programa 5. funciona 6. Internet 7. exigente 8. aislamiento 9. mensajes 10. celular 11. impresora 12. imprimir 13. mandan 14. me entero

	yo	tú	él/ella/Ud.	nosotros	vosotros	ellos/ellas/Uds.
amar	ame	ames	ame	amemos	améis	amen
beber	beba	bebas	beba	bebamos	bebáis	beban
abrir	abra	abras	abra	abramos	abráis	abran
ir	vaya	vayas	vaya	vayamos	vayáis	vayan
saber	sepa	sepas	sepa	sepamos	sepáis	sepan
ser	sea	seas	sea	seamos	seáis	sean
venir	venga	vengas	venga	vengamos	vengáis	vengan
poner	ponga	pongas	ponga	pongamos	pongáis	pongan
decir	diga	digas	diga	digamos	digáis	digan

Actividad 2: 1. se sienten 2. crea 3. dar 4. piden 5. intentan 6. sea 7. piensan 8. sea 9. muestran 10. quieren 11. permiten 12. haga 13. tiene 14. requieren 15. proteja 16. creo 17. tiene 18. pueda   **Actividad 3** 1. compran 2. cueste 3. es 4. deben 5. recibir 6. haga 7. vaya 8. sepa 9. comunica 10. utilicen

14. Los mandatos formales e informales   Actividad 1:

	tú	Ud.
tocar	toca no toques	toque no toque
conocer	conoce no conozcas	conozca no conozca
divertirse	diviértete no te diviertas	diviértase no se divierta
decir	di no digas	diga no diga
hacer	haz no hagas	haga no haga
tener	ten no tengas	tenga no tenga
ser	sé no seas	sea no sea
irse	vete no te vayas	váyase no se vaya
ponerse	ponte no te pongas	póngase no se ponga
llegar	llega no llegues	llegue no llegue

Actividad 2: 1. dé 2. Investigue 3. Mantenga 4. use   **Actividad 3:** 1. imprime
2. gastes 3. subscríbete, entérate 4. Mantente

Autoprueba: 1. arregle 2. Déjame 3. hacer 4. hay 5. Enciéndela 6. debemos
7. Búscala 8. prestes 9. digas 10. Toma 11. Mira

¿Cuándo se dice?   Práctica: 1. de; Ø 2. en; que 3. que; que 4. en; En; en

Más personal   Actividad 3: 1. Sí, memorícelo. 2. Sí, acéptelas. 3. Sí, muéstrelo. 4. No,
no se la diga a nadie.

Práctica auditiva

PRONUNCIACIÓN Y ORTOGRAFÍA   Actividad práctica 1. hijastro 2. huelga
3. hoja 4. hispanohablante 5. homenaje 6. búho 7. Jehová 8. hecho 9. humor
10. habichuela

Cultura: 1. impresionado 2. tecnológicos 3. mecánica 4. soledad 5. comunicación

Circunlocución: 1. B 2. C 3. A

6: La buena vida

Práctica escrita

PALABRAS   Actividad 1: 1. la vela 2. la copa 3. la feria 4. la servilleta 5. oler a 6. el
bienestar 7. el tenedor 8. la hamaca   **Actividad 2:** 1. entretenimiento 2. ocio 3. pasarlo
bien 4. bar 5. Feria 6. paseo 7. trasnochar   **Actividad 3:** 1. barbacoa 2. pasa bien
3. dominó 4. crucigrama 5. charla 6. poner 7. cucharas 8. pimienta 9. quitar 10. paseo
11. huele 12. se entretienen

**ESTRUCTURAS   15. El subjuntivo en cláusulas nominales: Expresiones de emoción y
duda   Actividad 1:** 1. Es sorprendente que (él) baile salsa tan bien. 2. Ojalá (que)
(a Ud.) le guste la playa. 3. Es extraño que vayas al cine con su novia. 4. Tenemos
ganas de que (Uds.) vengan a la feria con nosotros. 5. Es dudoso que (ellos) estén
diciendo la verdad. 6. No está claro que sea la información adecuada. 7. Agradezco
que (ella) tenga comida para todos. 8. Nos alegramos de que (ellos) viajen tres veces al
año. 9. Mi hermana está contenta de que (yo) pueda visitar a mis padres con
frecuencia. 10. Uno se asombra de que tanta gente venga al concierto.   **Actividad 2:**
1. pregunten 2. sea 3. sirven 4. encuentren 5. consiste 6. visitar 7. compren 8. usen
9. ayuden 10. vaya

16. El *se* impersonal   Actividad 1: 1. Se necesita 2. Se puede 3. Se trabaja
4. Se da; se les da 5. Se ofrecen 6. Se viaja 7. Se debe enviar 8. Se puede
Actividad 2: 1. Se pone 2. se comienza 3. Se corta 4. Se colocan 5. Se mantienen
6. Se come

Autoprueba: 1. depende 2. haya 3. puede 4. demuestra 5. tiene 6. sienten 7. exista 8. asocian 9. está 10. dejen 11. saber 12. aprendamos 13. dice

¿Cuándo se dice? Práctica: 1. Por 2. para 3. para 4. por 5. por 6. para 7. Por 8. por 9. por 10. para 11. por 12. para

***MÁS* personal Actividad 4 Paso 1:** 1. Se ponen todos los ingredientes en una batidora. 2. Se añade hielo. 3. Se mezclan todos los ingredientes. 4. Se sirve en un vaso. 5. Se adorna con rodajas de piña.

Práctica auditiva

PRONUNCIACIÓN Y ORTOGRAFÍA Actividad práctica 1. a 2. a 3. b 4. a 5. b 6. b 7. a 8. a 9. b 10. b

Cultura: 1. música 2. fiesta 3. Cuba 4. humilde 5. africanas 6. rumberos 7. instrumentos 8. cajón 9. cuchara 10. tambores

Circunlocución: 1. B 2. A 3. D

7: Nos-otros

Práctica escrita

PALABRAS Actividad 1: 1. patria 2. pobreza 3. riqueza 4. frontera 5. desilusión 6. emigración **Actividad 2:** 1. bilingüe 2. patria 3. ciudadanos 4. lengua materna 5. bandera 6. símbolo 7. raíces 8. se crió 9. zona residencial 10. acostumbrado 11. adaptarse 12. echa de menos 13. nostalgia 14. superarse 15. nivel de vida 16. ilusión 17. esperanza **Actividad 3:** 1. f 2. c 3. a 4. g 5. b 6. e 7. h 8. d

ESTRUCTURAS 17. Palabras indefinidas, negativas y positivas Actividad 1: 1. nunca 2. No; nadie 3. no; ni 4. Nadie; ni; tampoco 5. no; nunca **Actividad 2:** 1. no; nadie 2. nadie 3. no; ni 4. Nunca; ningún 5. No; ni; ni

18. El indicativo y el subjuntivo en cláusulas adjetivales Actividad 1: 1. desean 2. busca 3. se sientan 4. necesita 5. puedan 6. quieran 7. enseñan 8. tienen 9. ayuda 10. disfrutan **Actividad 2:** 1. ¿Hay alguien que esté indocumentado? 2. Conoce a alguien que necesita la tarjeta de residente. 3. No hay nadie en el grupo que tenga la residencia legal en este país. 4. Hay varias personas que están solicitando el pasaporte. 5. No conozco a nadie que venga de otro país. 6. Hay muchas personas que envían dinero a su país de origen. 7. Buscamos a alguien que sepa el valor de ser bilingüe.

Autoprueba: 1. ningún 2. sea 3. sirve 4. lleguen 5. deben 6. no 7. permite 8. nadie 9. no 10. tenga 11. también 12. incluye 13. contiene 14. no 15. pueda 16. ni 17. cometan 18. tampoco

¿Cuándo se dice? **Práctica:** 1. En la actualidad 2. en realidad 3. actual 4. real

Práctica auditiva

PRONUNCIACIÓN Y ORTOGRAFÍA **Actividad práctica** 1. a 2. b 3. b 4. a 5. b 6. a 7. a
8. b 9. b 10. a

Cultura: 1. millones 2. Estados Unidos 3. lengua 4. académico 5. afirman 6. idiomas
7. pureza 8. hable 9. hispanohablantes 10. comunidades

Circunlocución: 1. C 2. B 3. A

8: Nuestro pequeño mundo

Práctica escrita

PALABRAS **Actividad 1:** 1. f 2. h 3. i 4. c 5. a 6. b 7. d 8. g 9. k 10. e 11. j **Actividad 2:**
1. recursos naturales 2. bote 3. envases 4. reciclables 5. contenedor 6. preserve
7. medioambiente 8. pesticidas 9. cosechas 10. países desarrollados 11. reducir
12. medioambiental

ESTRUCTURAS **19. El futuro y el futuro perfecto de indicativo**

Actividad 1:

	Futuro					
	yo	**tú**	**él/ella/Ud.**	**nosotros**	**vosotros**	**ellos/ellas/Uds.**
decir	diré	dirás	dirá	diremos	diréis	dirán
ir	iré	irás	irá	iremos	iréis	irán
hacer	haré	harás	hará	haremos	haréis	harán
poder	podré	podrás	podrá	podremos	podréis	podrán
reducir	reduciré	reducirás	reducirá	reduciremos	reduciréis	reducirán
tener	tendré	tendrás	tendrá	tendremos	tendréis	tendrán
poner	pondré	pondrás	pondrá	pondremos	pondréis	pondrán
botar	botaré	botarás	botará	botaremos	botaréis	botarán
salir	saldré	saldrás	saldrá	saldremos	saldréis	saldrán
saber	sabré	sabrás	sabrá	sabremos	sabréis	sabrán

	Futuro perfecto					
	yo	**tú**	**él/ella/Ud.**	**nosotros**	**vosotros**	**ellos/ellas/Uds.**
reciclar	*habré reciclado*	*habrás reciclado*	habrá reciclado	*habremos reciclado*	*habréis reciclado*	*habrán reciclado*
poner	*habré puesto*	*habrás puesto*	*habrá puesto*	*habremos puesto*	*habréis puesto*	*habrán puesto*
decir	*habré dicho*	*habrás dicho*	*habrá dicho*	*habremos dicho*	*habréis dicho*	*habrán dicho*
morir	*habré muerto*	*habrás muerto*	*habrá muerto*	*habremos muerto*	*habréis muerto*	*habrán muerto*
ser	habré sido	*habrás sido*	*habrá sido*	*habremos sido*	*habréis sido*	*habrán sido*

Actividad 2: 1. tendrá 2. crearán 3. pondrán 4. darán 5. purificarán 6. habrá 7. será 8. harán 9. Podremos 10. sabremos

20. El indicativo y el subjuntivo en cláusulas adverbiales   Actividad 1: 1. para que 2. después de que 3. con tal que 4. Cuando 5. sin que 6. para 7. aunque 8. A fin de que 9. para que 10. después de 11. antes de que   **Actividad 2:** 1. boten 2. tener 3. salgo 4. sea 5. voy 6. satisfacer 7. se creen 8. vaya   **Actividad 3:** 1. está 2. eviten 3. ser 4. traten 5. economicen 6. se mantengan 7. recorre 8. podamos

Autoprueba: 1. sobrevivir 2. necesitan 3. entre 4. salga 5. están 6. es 7. puede 8. hagamos 9. desaparecerá 10. podrán 11. entienda 12. sirven 13. benefician 14. ofrecen

¿Cuándo se dice?   Práctica: 1. apoya 2. soporto 3. sostiene 4. mantiene

MÁS personal   Actividad 1: Respuestas posibles: 1. la selva 2. la capa de ozono 3. sembrar 4. proteger 5. extinguir 6. la contaminación 7. la Tierra

Práctica auditiva

PRONUNCIACIÓN Y ORTOGRAFÍA   Actividad práctica 1. soft b 2. soft b 3. hard b 4. soft b 5. hard b 6. hard b 7. soft b 8. hard b 9. soft b 10. hard b

Cultura: 1. biológicos 2. energía 3. cultivos 4. maíz 5. madera 6. Naciones 7. solución 8. hambre 9. sustentable

Circunlocución: 1. D 2. C 3. A

9: En busca de la igualdad

Práctica escrita

PALABRAS   **Actividad 1:** 1. sorda 2. lesbiana 3. preso 4. libertad 5. religiosa
6. ONG 7. un varón 8. analfabetismo 9. un macho 10. el comportamiento
11. reclamar   **Actividad 2:** 1. e 2. c 3. b 4. f 5. a 6. d   **Actividad 3:** 1. discapacitados
2. rechazo 3. voz 4. marginados 5. injusta 6. asistencia pública 7. mejorar 8. ciegos
9. se opone 10. discriminación social 11. promueve 12. Con respecto 13. integrar

ESTRUCTURAS   **21. El presente perfecto de subjuntivo**   **Actividad 1:** 1. hayan
discutido 2. hayan denunciado 3. se haya opuesto 4. hayan expresado 5. haya negado
6. hayan construido   **Actividad 2:** 1. ha evaluado 2. haya leído 3. han exigido
4. hayan hecho 5. haya trabajado 6. se hayan enfrentado 7. ha asociado; han apoyado
8. haya ofrecido   **Actividad 3:** 1. ha sido 2. ha evaluado 3. han enfrentado 4. haya
reconocido 5. ha logrado 6. ha discutido 7. han encontrado 8. haya presentado 9. han
retrasado 10. haya hecho

22. Los pronombres relativos   **Actividad 1:**   **Que / quien / quienes:** 1. que 2. quien
3. que 4. quienes 5. que 6. quien **El cual / la cual / los cuales / las cuales:** 1. el cual
2. la cual 3. el cual 4. los cuales **Cuyo(a) / cuyos(as) / donde / lo que (lo cual):** 1. Lo que
2. cuyo 3. lo que / lo cual 4. Lo que 5. donde 6. donde 7. cuyas   **Actividad 2:** 1. Te
presté el libro que compré en Nicaragua. / El libro que te presté lo compré en
Nicaragua. 2. Esa es la profesora del curso de género, con quien / con la que / con la
cual estudiamos diferentes movimientos feministas. 3. Préstame la revista que tienes de
música tropical. 4. Lo que más me gustó en la película fue la buena actuación. 5. Los
indígenas, cuyas artesanías son muy famosas, nos recibieron con mucha
amabilidad.   **Actividad 3:** 1. quien 2. cuyo 3. donde 4. que 5. Lo que 6. que 7. que
8. que 9. que 10. que 11. que

Autoprueba: 1. ha analizado 2. han recibido 3. logre / haya logrado 4. han establecido/
hayan establecido 5. ha respondido 6. que 7. ha visto 8. hayan desarrollado 9. que
10. ha tratado 11. cuyo 12. ha aprobado 13. han hecho 14. Lo que 15. hayan creado
16. quienes

¿Cuándo se dice?   **Práctica:** 1. b 2. a 3. b 4. a

Práctica auditiva

PRONUNCIACIÓN Y ORTOGRAFÍA   **Actividad práctica** 1. a 2. b 3. b 4. a 5. a 6. b 7. a 8.
b 9. a 10. a

Cultura: 1. sido 2. fecha 3. hermanas 4. quienes 5. servido 6. lucharon 7. modelo
8. injusticias

Circunlocución: 1. D 2. C 3. A

10: América: pueblos y herencias en contacto

Práctica escrita

Palabras   **Actividad 1:** 1. descubrir 2. defender 3. antepasados 4. desarrollo 5. descendiente 6. la herencia 7. el pueblo 8. el encuentro **Actividad 2:** 1. siglo 2. milenio 3. fecha 4. época 5. era 6. destacar 7. principio 8. acontecimiento **Actividad 3:** 1. recordar 2. porcentaje 3. desarrollar 4. llegada 5. acontecimiento 6. actual 7. destacar

23. El imperfecto de subjuntivo   Actividad 1:

	yo	tú	él/ella/Ud.	nosotros	vosotros	ellos/ellas /Uds.
pensara	pensara pensase	*pensaras pensases*	*pensara* pensase	*pensáramos pensásemos*	*pensarais pensaseis*	*pensaran pensasen*
comer	*comiera comiese*	comieras comieses	*comiera comiese*	*comiéramos comiésemos*	*comierais comieseis*	*comieran comiesen*
ir	*fuera fuese*	*fueras fueses*	*fuera fuese*	fuéramos fuésemos	*fuerais fueseis*	*fueran fuesen*
hacer	*hiciera hiciese*	*hicieras hicieses*	*hiciera hiciese*	*hiciéramos hiciésemos*	hicierais hicieseis	*hicieran hiciesen*
poner	*pusiera pusiese*	*pusieras pusieses*	*pusiera pusiese*	*pusiéramos pusiésemos*	*pusierais pusieseis*	pusieran pusiesen
dar	*diera diese*	*dieras dieses*	*diera diese*	*diéramos diésemos*	*dierais dieseis*	*dieran diesen*
estar	*estuviera estuviese*	*estuvieras estuvieses*	*estuviera estuviese*	*estuviéramos estuviésemos*	*estuvierais estuvieseis*	*estuvieran estuviesen*

Actividad 2: 1. hubiera/hubiese 2. ocurriera/ocurriese 3. recibiera/recibiese 4. fuera/ fuese 5. tuvieran/tuviesen 6. unieran/uniesen 7. llegara/llegase 8. expresaran/ expresasen 9. trajera/trajese 10. supiera/supiese **Actividad 3:** 1. existieran/existiesen 2. pudieras/ pudieses 3. fueran/fuesen 4. pertenezcan 5. dijera/dijese 6. terminemos 7. hablara/ hablase 8. estudiara/estudiase

	yo	tú	él/ella/Ud.	nosotros	vosotros	ellos/ellas/Uds.
viajar	viajaría	viajarías	viajaría	viajaríamos	viajaríais	viajarían
venir	vendría	vendrías	vendría	vendríamos	vendríais	vendrían
salir	saldría	saldrías	saldría	saldríamos	saldríais	saldrían
poner	pondría	pondrías	pondría	pondríamos	pondríais	pondrían
hacer	haría	harías	haría	haríamos	haríais	harían
decir	diría	dirías	diría	diríamos	diríais	dirían

Actividad 2: 1. Podría 2. recomendaría 3. sería 4. querrías/podrías 5. gustaría

Actividad 3: 1. fueran/fuesen; sabríamos 2. tendríamos; encontraran/encontrasen
3. siguieran/siguiesen; nos quedaríamos 4. conocerían; usaran/usasen 5. sabrían;
estudiaran/estudiasen 6. interpretáramos/interpretásemos; veríamos

Autoprueba: 1. hayas oído 2. Eran 3. iría/fuera/fuese 4. sabían 5. conocían 6. era
7. fueran/fuesen 8. tuvieran/tuviesen 9. estaba 10. se transmitían 11. utilizaran/
utilizasen 12. era 13. intercambiaran/intercambiasen

¿Cuándo se dice? Práctica: 1. a 2. a 3. b 4. b 5. a

Práctica auditiva

PRONUNCIACIÓN Y ORTOGRAFÍA Actividad práctica 1. a 2. b 3. a 4. a 5. b 6. a 7. b
8. a 9. b 10. a

Cultura: 1. Gómez 2. Perú 3. inca 4. 1539 5. Cusco/Cuzco 6. quechua 7. 21
8. historiador 9. *Comentarios* 10. mestizaje

Circunlocución: 1. A 2. B 3. D

11: Las grandes transformaciones urbanas

Práctica escrita

PALABRAS Actividad 1: 1. el ayuntamiento 2. la acera 3. el municipio 4. el puerto
5. la autopista 6. el castillo 7. la oficina de correos 8. el río 9. la catedral
10. el rascacielos **Actividad 2:** 1. la escalera / las escaleras 2. la columna / las
columnas 3. el arco / los arcos 4. la iglesia / las torres 5. la fachada 6. el monumento / la
estatua 7. el palacio 8. la fuente **Actividad 3:** 1. bienestar 2. brecha 3. urbanizar
4. tener 5. origen 6. diseñar 7. reclamar 8. expandir 9. falta 10. cuenta
11. surgir **Actividad 4** 1. De hecho, No obstante 2. O sea 3. Por un lado, por otro lado,
Por consiguiente

1: 1. hubiera surgido 2. hubiera desarrollado 3. hubieran visto 4. hubieran establecido
5. hubiera escrito **Actividad 2:** 1. habían fundado 2. había llegado 3. habían
establecido 4. habían construido 5. hubiera hecho 6. habían explorado 7. hubieran
encontrado 8. hubieran descubierto **Actividad 3:** 1. pudiera 2. hubiera encontrado
3. vaya 4. supiera 5. hubiera crecido 6. hubiera tomado

26. El condicional perfecto **Actividad 1:** 1. habría alegrado 2. hubieras/hubieses
visitado 3. hubiéramos/hubiésemos recordado 4. habría gustado 5. hubieran/hubiesen
observado 6. habríamos solucionado 7. hubiéramos/hubiésemos regresado 8. habría
necesitado **Actividad 2:** 1. hubieran/hubiesen llegado; habrían luchado 2. habrían
podido; hubieran/hubiesen construido 3. habrían recibido, hubieran/hubiesen
construido 4. habrían tenido, hubieran/hubiesen conseguido 5. hubieras/hubieses
visitado, habrías visto **Actividad 3:** 1. investigáramos/investigásemos 2. existiera/
existiese 3. se convirtiera/convirtiese 4. hiciera/hiciese 5. apoyaran/apoyasen
6. acompañaran/acompañasen 7. muriera/muriese 8. hubiera/hubiese descubierto
9. hubiera/hubiese sabido 10. habría escrito

Autoprueba: 1. hubieran/hubiesen ganado 2. habrían seguido 3. fueron 4. eran
5. o sea 6. Por un lado 7. consiguió 8. Por otro lado 9. se reunieron 10. se unieron
11. hubiera/hubiese ocurrido 12. habrían contado 13. lograran 14. formaran
15. No obstante/Sin embargo 16. hubo 17. Por lo tanto 18. decidió 19. Sin embargo/No
obstante 20. acabó 21. De hecho

¿Cuándo se dice? **Práctica:** 1. hacen; preguntan; preguntar; pregunta; me pregunto
2. pedir 3. pregunta; pide

Práctica auditiva

PRONUNCIACIÓN Y ORTOGRAFÍA **Actividad práctica** 1. Spain 2. Latin America
3. Latin America 4. Spain 5. Spain 6. Latin America 7. Spain 8. Latin America 9. Latin
America 10. Spain

Cultura: 1. nació 2. París 3. Caracas 4. La Habana 5. histórica 6. mundo 7. arquitectura
8. literatura 9. barroca 10. iglesias

Circunlocución: 1. B 2. A 3. C

12: Fronteras y puentes

Práctica escrita

PALABRAS **Actividad 1:** 1. A 2. S 3. S 4. S 5. A 6. S **Actividad 2:** 1. Senado
2. constitución 3. senadores 4. elecciones 5. ministros 6. gobiernos 7. firmar
8. tratado 9. gobernadora 10. discurso 11. impuestos 12. ingresos **Actividad 3:**
1. organismos 2. por fin 3. A pesar de 4. lazos 5. puente 6. fortalece 7. fomenta
8. beneficiar 9. En conclusión 10. cargo 11. tratado

ESTRUCTURAS   **27. La voz pasiva   Actividad 1:** 1. fue aprobado 2. fueron discutidas 3. fue gobernado 4. fueron construidas 5. fue escrito 6. fue propuesta   **Actividad 2:** 1. fueron recibidos 2. será apoyada 3. es elegido 4. fue presentado 5. serán conectados 6. fue apoyada   **Actividad 3   Paso 1:** 1. Se revisó el presupuesto. 2. Se redactaron las cartas. 3. Se firman los acuerdos importantes en un salón de la casa presidencial. 4. Se propuso un tratado de paz. 5. Se respetó la ley.   **Paso 2:** 1. Revisaron el presupuesto. 2. Redactaron las cartas. 3. Firman los acuerdos importantes en un salón de la casa presidencial. 4. Propusieron un tratado de paz. 5. Respetaron la ley.

28. El subjuntivo en cláusulas independientes   Actividad 1: 1. b 2. d 3. e 4. a 5. c **Actividad 2:** 1. vengan 2. copie 3. diga 4. se diviertan 5. haya

Autoprueba: 1. define 2. fomentan 3. fue creado 4. busca 5. fueron afectados 6. intenta 7. tiene 8. fue amenazada 9. fueron firmados 10. manifiesta 11. habla 12. discute 13. mantiene 14. comprende 15. resuelve 16. necesitan 17. presentan

¿Cuándo se dice?   Práctica: 1. Voy; llevo 2. viene; trae 3. Llevo 4. trae

MÁS personal   Actividad 2: *Respuestas posibles:* 1. ¡Que te diviertas! 2. ¡Que Dios se lo pague! 3. ¡Que se mejore! 4. ¡Que lo arregle todo antes de que yo vuelva! 5. ¡Que tengan buen viaje!

Práctica auditiva

PRONUNCIACIÓN Y ORTOGRAFÍA   Actividad práctica 1. b 2. b 3. a 4. b 5. a 6. a 7. b 8. b 9. a 10. b

Cultura: 1. Común 2. tratado 3. Paraguay 4. Chile 5. política 6. democráticos 7. medioambiente 8. sostenibles 9. igualdad 10. pobreza

Circunlocución: 1. B 2. C 3. A